D1545568

СЛОВАРЬ НЕЦЕНЗУРНЫХ СЛОВ

составили

D. A. Drummond

и

G. Perkins

*третье, исправленное
и дополненное издание*

Окленд, 1987

DICTIONARY

OF RUSSIAN

OBSCENITIES

compiled by

D. A. Drummond

and

G. Perkins

Third, revised edition

SCYTHIAN BOOKS

Oakland 1987

Eleventh printing, 1996

Published by Scythian Books
Oakland, California

Printed in USA

ISBN 0-933884-54-0

THROUGHOUT THE HISTORY OF RUSSIA, with the exception of a brief period around the beginning of the present century, it has been the official policy of the government to forbid the appearance in print of a large body of words used in the everyday speech of millions of its subjects. These words are considered too obscene for the printed page even though some of them have existed in the language from its beginnings (e.g. Russian пердеть, Common Slavic *pьrděti, cf. Greek πέρδομαι, Sanskrit párdate, English 'fart'). The compilers of most Russian dictionaries outside of Russia have also deemed these words unsuitable for inclusion.

In 1971 two dictionaries of the "forbidden" vocabulary appeared, an anonymous *Dictionary of Russian Obscenities* in Cambridge, Mass. and the present authors' *Short Dictionary of Russian Obscenities*. Since then there have been several noteworthy events: Marcus Wheeler's *Oxford Russian-English Dictionary*, published in 1972, was the first major work of its kind to include some of the taboo words; the same year, Meyer Galler and Harlan Marquess documented the unique language of the gulag, including the obscene vocabulary, in *Soviet Prison Camp Speech;* in 1973 Flegon issued a very sizable collection of *mat* in *Za predelami russkix slovarej;* and in 1986 a list of Russian gay argot appeared in V. Kozlovskij's *Argo russkoj gomoseksual'noj subkul'tury.*

Wheeler's dictionary is excellent in general, but it includes only a limited number of 'obscene' words. The Galler and Marquess dictionary, as well as Kozlovskij's, is limited to the language of a particular subculture; it excludes, quite properly, the vast bulk of dirty words used by the swearing public. The only dictionary devoted entirely to common obscenity is Flegon's *Za predelami . . .* However, while that work is very useful to the serious student of Russian *mat*, providing copious information and vast. illustrative material, it also includes much which is unnecessary and some words which are entirely irrelevant. Many entries are generic or medical terms which may be found in any Russian dictionary (e.g. член, политрихия, гонорея, сифилис, клитор, климакс, уборная).

Various literary works containing the taboo vocabulary have appeared, ranging from books of verse attributed to Ivan Barkov (1732–1768; it is apparent from the lexicon and other details that the texts are largely spurious) and the remarkable *Eros russe: Russkij èrot ne dlja dam* (1879; new edition by Scythian Books, 1987)—a collection containing Lermontov's *Junker* verse and other chefs d'oeuvre of that genre from nineteenth-century all-male boarding schools of the nobility—to erotic and scatological proverbs in *Les proverbes érotiques russes: Les proverbes recueillis et non-publiés par Dal' et Simoni* by C. Carey. (The Hague, 1972).

The need for a continuing study of the 'obscene' vocabulary became especially apparent with the reprinting of Afanasiev's classic *Russkie zavetnye skazki* in 1975 (a selection of the tales, in the new orthography, was issued by Scythian

Books in 1980). Many words encountered in these engaging tales were never recorded in contemporary dictionaries and their meanings must be inferred from the context. A great deal of this lexicon must be lost to linguists forever.

During the first half-century after the Revolution the taboo words rarely appeared in émigré literature; indeed, Ilja Zdanevič's *Vosxiščenie* (Paris, 1930) was boycotted for including only a handful of them. The most recent wave of Russian émigrés has largely freed itself from the traditional prudery. Several recent novels, collections of ribald *častuški* that would make our own limerick masters blush, and a number of stories and poems appearing in periodicals have made liberal use of this vocabulary.

Since the appearance of the second edition of the *Dictionary of Russian Obscenities* the authors have collected new materials from various printed sources and interviewed numerous recent émigrés from different regions of the USSR. The authors have made every effort to determine which words are dialectal or obsolete, although there is considerable disagreement on such matters even among native speakers of the same region and the same age group. Many of the entries are figurative uses of words that are not otherwise vulgar (e.g. насморк, болт, яйца). The primary meanings of such words are not given, since they may be found in any standard Russian dictionary. Since the dictionary is used in many countries, the number of English synonyms used in the translations has been limited. Following the dictionary is a list of English synonyms which, while not exhaustive, should serve to clarify the meanings of the more common ones for non-English speakers. It should be remembered, though, that the purpose of this dictionary is to provide the meanings of taboo Russian words encountered in conversation and literature; it is not intended as a guide to usage.

The authors are grateful to the many readers who have sent their comments and suggestions over the years and especially to the thoughtful friends and colleagues who took the trouble of forwarding to us interesting materials collected during their travels in the USSR.

PREFACE TO THE ELEVENTH PRINTING

The censorship of 'obscene' Russian vocabulary seems to have died with the Soviet regime. For example, at least two complete, uncensored editions of Afanasiev's *Russkie zavetnye skazki* have appeared Russia; an anthology *Tri veka poèzii russkogo èrosa: Publikacii i issledovanija*, appeared in 1994; and a recent series, *Russkaja potaennaja literatura*, includes erotic Russian prose, poetry, and folklore, as well as literary and linguistic studies by well-known Russian scholars.

Some lexicographic works have begun to appear; for example, a useful glossary in the anthology, *Russkij mat* (1994), and a Russian printing of Flegon's *Za predelami*. One enterprising soul who identifies himself as "Aleksandr Volkov" has found a way to compile a dictionary very quickly indeed: one simply finds an existing dictionary, prepares a crude paraphrase of the preface (in this case, the one that you just read), copies the dictionary itself, almost verbatim (Авторское право? что это такое?), renames it *Anglo-russkij i russko-anglijskij slovar' taburirovannoj leksiki (anglo-russkij?)*, and publishes it in Minsk (although the colophon indicates that it was printed in one of Moscow's best-known publishing houses).

September 1996

USE OF DICTIONARY

Unless otherwise noted, the nominative and genitive singular of nouns and the imperfective infinitive and first and third persons singular of verbs are given.

Idioms, proverbs, and illustrative sentences are translated literally only where near equivalents exist in both languages. The authors have endeavored to supply the most appropriate translation for a given situation.

In the English translations, the first word following the entry should usually be regarded as stylistically closest to the Russian; a following generic or stylistically neutral word serves to remove any ambiguity (especially where the English word has various figurative meanings) or otherwise clarify the meaning.

ABBREVIATIONS

abbr.   abbreviation
adj.   adjective
aug.   augmentative
dial.   dialectal
dim.   diminutive
euph.   euphemism
fem.   feminine
fig.   figurative
g.t.a.   general term of abuse
hum.   humorous
impers.   impersonal
inst.   instrumental
lit.   literal
masc.   masculine
obs.   obsolete
pejor.   pejorative
pers.   person
pl.   plural
smb.   somebody
smth.   something
var.   variant

архипиздри́т **-а** *obs. hum.* stud, cunt-chaser

афедро́н **-а** ass, buttocks

б.... [бэ] *euph. for* блядь

ба́ба с я́йцами battle-ax, strong-willed woman

байстру́к **-а́** *var. of* байстрюк

байстры́к **-а́** *var. of* байстрюк

байстрю́к **-а́** bastard

байстрючо́к **-чка́** *dim. of* байстрюк

бана́н: соси́ бана́н! *var. of* пососи хуй!

ба́ндер **-а** *var. of* бандырь

ба́ндерша **-и** *var. of* бандырша

ба́ндорша **-и** *var. of* бандырша

ба́ндырша **-и** 1. a madam 2. procuress

ба́ндырь **-я** *obs.* 1. pimp 2. proprietor of a whore-house

бар **-а** (act of) screwing, copulation

бара́ть **-а́ю** **-а́ет** (*perf.* отбара́ть) to screw, copulate with

бара́ться **-а́юсь** **-а́ется** to screw, copulate

барда́к **-а́** 1. whorehouse, brothel 2. mess, disorder

барда́ч **-а́** 1. proprietor of a whorehouse 2. ruffian, mischievous person

барда́чить **-чу** **-чит** to go whoring

барда́чный messy, confused

    барда́чное де́ло mess, confuson

барда́ш **-а́** bugger, pederast

бару́ха **-и** whore

басра́н -а *obs.*   shitass *g.t.a.*

бастро́к -а́ *obs. var of* байстрюк

бастрю́к -а́ *obs. var of* байстрюк

безму́дый   1. having no balls, castrated   2. stupid, ineffectual

бздёж -а́   1. stench (esp. of fart)   2. bullshit, nonsense

бздёние -я   1. farting   2. cowardice

бздеть бзжу/бзджу бздит (*perf.* набздёть) *1st pers. rare*   1. to fart (silently)   2. to bullshit   3. to pollute the air   4. to be chicken, frightened (of)

бздёх -а   silent fart

бздёха -и   woman who frequently farts

бздея́ -и́   1. ass, buttocks   2. anus

бзди́тельность -и   *hum.* = бдительность vigilance

бзди́тельный   *hum.* = бдительный vigilant

бздни́ка -и *botany*   black morel, black nightshade

бзднуть -ну -нёт   *perf.* to (let a) fart

бздо -а   (silent) fart

бздун -а́   1. person who frequently farts   2. coward

бздуни́шка -и   *dim. of* бздун

бзду́нья -и   *fem. of* бздун

бздух -а   *dial. var. of* бздюх

бзду́шка -и   puffball (fungus)

бзды́кать -аю -ает *dial.*   to fart

бздюль -я   stinker, person who smells bad

бздюх -а   1. person who frequently farts   2. *dial.* polecat, ferret

бздю́ха[1] **-и** *fem. of* бздюх

бздюха́[2] **-и (-й)** *var. of* бздушка

бздюха́ть -а́ю -а́ет *dial. var. of* бздыха́ть

бзюх -а *dial. var. of* бздюх

биздеть *dial. var. of* бздеть

би́кса -ы slut

билья́рд: игра́ть в карма́нный билья́рд   to play 'pocket pool', arouse oneself sexually with hand in pocket

блéди (блядь + леди)   pretentious woman

бледь *dial. var. of* блядь

бля 1. *var. of* блядь   2. after all, anyway   3. *general intensifier*

бляди́вый *obs.*   lewd, depraved

бля́дин: бля́дин сын, бля́дино сéмя *obs.*   bastard, son of a bitch

бляди́ща -и *aug. of* блядь

бляди́ще -а *var. of* блядища

бля́дка -и 1. *obs.* whore   2. orgy, wild party
    пойти́ на бля́дки   to go whoring

блядли́вый *obs. var. of* блядивый

блядня́ -й *obs.*   whoring, lewdness

блядова́ть -ду́ю -ду́ет 1. to whore   2. to dissipate, carouse

блядови́тый   loose, promiscuous

блядовско́й *obs. var. of* блядский

блядовство́ -á *obs.*   dissolute way of life

блядохо́д -а *in Russia,* a group of women who stroll streets and parks seeking sexual adventures

бля́дский 1. pertaining to a whore   2. goddamned

бля́дский род!   damn it!

бля́дское де́ло   it's a hell of a bad deal

бля́дская рабо́та   hard/tedious work

бля́дская трава́ *botany*   the fern *Aspidium Filix mas*

бля́дские оре́хи *botany*   cedar nuts

бля́дская строка́ *typography*   widow

бля́дство -а 1. depravity   2. dirty trick   3. stupid blunder

бля́дствовать -вую -вует   to go whoring

бляду́н -а́   cunt-chaser

бляду́нья -и   *aug. of* блядь

бляду́шка -и   *dim. affectionate of* блядь

блядь -и *inst. pl.* блядьми́ / блядя́ми   1. whore, promiscuous woman   2. bitch, slut   3. bastard, shitass *g.t.a.*   4. general intensifier

блядь за́сра́нная   stinking / slimy whore *term of abuse*

порто́вая блядь   low-class whore

после́дняя блядь   1. *aug.* whore   2. shitass *g.t.a., referring to a man*

бля́дью мне быть... *or* блядь бу́ду... (*often pronounced* бля́бу *or* бля́ду), *used in oaths*   I'll be fucked/damned (if). . .

   ходить по блядям   to go whoring
   хождение по блядям   (act of) whoring
блядюга -и   *aug. of* блядь
блядюшка -и   *var. of* блядушка
бляха -и   *euph. for* блядь
   бляха-муха   after all, anyway
болт -а   tool, penis
   вставить / ввинтить / завинтить   болт   *кому*   to
   screw, copulate with
   положить болт *на кого*   to have contempt for
бордак -á   *var. of* бардак
бордаш -á   *var. of* бардаш
брызгать -аю -ает   to pee, urinate
брылé *fem. pl.*   lips of cunt, labia
брюхáтить -чу -тит (*perf.* обрюхáтить)   to knock
   up, impregnate
брюхо: ходить с брюхом   to be pregnant
бубенцы́ -óв   *var. of* бубенчики
бубéнчики   balls, testicles
бугр, -á   bugger, sodomite
буздéть *dial. var. of* бздеть
бурáк: червóнный бурáк   penis
буферá -óв   *pl.*   boobs, tits
буферáстый   *var. of* буферя́стый
буферя́стый   busty, having large breasts, buxom
валя́ть -я́ю -я́ет (*perf.* отваля́ть)   to screw, copulate

вáфли -éй *pl.* come, semen

а вафлéй не хóчешь? *var. of* а хуя не хочешь?

вдуть вдую вдуeт *perf. кому* to screw, copulate with

верхóза -ы 1. ass, buttocks 2. ass-hole, anus

весёлый: весёлый дом whorehouse

весельчáк -á man with small penis

вéтер: идти/ходить/бéгать до вéтру to relieve one-self

взбзднуть -ну -нёт *perf. of* бздеть

вздрáчиваться -аюсь -ается (*perf.* вздрочиться) to get pissed off/angry

вздрочить -чу -чит *perf.* 1. to work up a hard on, stimulate (the penis) to erection 2. to piss off, make angry

вздрочиться -чусь -чится *perf. of* вздрачиваться

вздрючить -чу -чит *perf. of* дрючить

вздрючка -и a cussing-out, reprimand

взъёбка -и a cussing-out, severe reprimand

взъёбывать -аю -ает to fuck vigorously

волосянка -и pubic hair

волосятинка: игрáть на волосятинке to fuck

вонять -яю -яет (*perf.* навонять) to fart

врéменное *euph.* period, menstruation

встáвить -влю -вит *perf. кому* to screw, copulate with

встáвить *кому* кол/болт to put it to, copulate with

Кот Казанский. Лубочная картинка.

Мужик Пашка да брат его Ермошка.
Лубочная картинка.

встояка́: еба́ться встояка́   to fuck while standing

въеба́ть въебу́ въебёт *perf.*   to slug, hit

въебу́риться -рюсь -рится *perf.*   to fall in love

въёбывать -аю -ает   to work one's ass off, slave

въя́бывать -аю -ает *var. of* въёбывать

вы́блудок -дка *dial. var. of* выблядок

вы́блудочек -чка *dial. var. of* выблядок

вы́блюдок -дка *var. of* выблядок

вы́блядок -дка   bastard *lit. and fig.*

вы́блядочек -чка *var. of* выблядок

вы́блядыш -а *var. of* выблядок

вы́драть вы́деру вы́дерет   *perf. of* драть

вы́дрочить -чу -чит   1. *perf. of* дрочить   2. to beat *smth.* into *smb's* head, teach forcefully

вы́ебать -ебу -ебет *perf.*   1. to fuck   2. to punish   3. to chew out, scold   4. to pull out of a hat, obtain from nowhere

    вы́ебать *кому* ду́шу   1. to let down, betray, cheat on   2. to bug, pester, tire out

выёбистый   show-offish, pretentious, ostentatious

выебо́н -а   showing off, ostentatious display

выёбывать -аю -ает   to get out, leave

    дава́й выёбывай!   get the fuck out of here!

выёбываться -аюсь -ается   1. to show off   2. to act strange

    не́ хуя выёбываться   there's no reason to show off

выёгиваться -аюсь -ается *euph. hum.* = выёбываться

вы́еть *var. of* выебать

вы́пердеть -жу -дит *perf.* 1. to fart *smth.* out 2. to shit with difficulty 3. to achieve by great effort 4. to blurt out, say something stupid

вы́перднуть -ну -нет *var. of* выпердеть

вы́пердок -дка little bastard *g.t.a., referring to a child*

вы́пёрдываться: выпёрдывайся (отсю́да)! Get the hell out of here!

высира́ть -а́ю -а́ет 1. to shit *smth.* out 2. to produce *or* achieve with effort

вы́срать вы́сру вы́срет 1. *perf. of* высирать 2. to shuck out, bear (a child)

вы́сраться вы́срусь/вы́серюсь вы́срется/вы́серется 1. to shit (emptying the bowels) 2. to spit it out, speak one's mind

   ну что, вы́срался? well, did you finally get it off your chest?

вы́ссаться вы́ссусь вы́ссытся/вы́ссется вы́ссатся/ вы́ссутся *perf.* 1. to piss one's pants 2. to piss (emptying the bladder)

вы́ябываться *var. of* выёбываться

вхуя́чить -чу -чит *кому perf.* 1. to sentence 2. to hit, strike

г.... [гэ] *euph. for* говно, говённый

   э́то не костю́м, а гэ this suit is a piece of crap

генера́л -а 1. syphilis 2. syphilitic person

глу́пости -ей *child speech*   penis and testicles

говёнка -и   1. whore   2. shit *fig.*   3. *obs.* manure wagon

говённый   shitty

говёшка -и   1. turd, piece of shit   2. shitass *g.t.a.*

говна́зия -и *obs. hum.* = гимназия

говнецо́ -а́   *dim. of* говно

говни́вый *var. of* говённый

говни́нка -и   crap, worthless thing

говни́стость -и   1. meanness   2. dishonesty

говни́стый   1. *var. of*   говённый   2. shitty, mean 3. crooked, dishonest

говни́ться -ню́сь -ни́тся   1. to be nasty/mean   2. to be dishonest

говни́ще -а *aug. of* говно

говно́ -а́   1. shit, feces   2. shitass *g.t.a.*   3. crap, junk 4. bullshit, nonsense

говно́ соба́чье *said of a person, act, or thing*   shit

говно́ с ру́чкой   ass-hole *g.t.a.*

говна́-пирога́! *a general expression of dissatisfaction, disparagement, or disapproval*

говно́-челове́к   shitass, vile person

говно́-кни́га   rotten book

говно́ на по́стном ма́сле   crap, shit *fig.*

ло́жка говна́ в бо́чке мёда   a fly in the ointment

конфе́тку сде́лать из говна́   to make something of

good quality out of poor material

он с говна́ пе́нку/пе́нки снима́ет   he's a greedy bastard

быть по́ уши (*or* по ше́е) в говне́   1. to be in hot water, be in serious trouble   2. to be disgraced

сиде́ть в говне́ по́ уши   to be in an awkward situation

говно́ уда́рило в го́лову   *var. of* моча ударила в голову *q.v.*

быть по го́рло в говне́   1. to become involved in something unpleasant   2. to fall into bad company

болта́ться как говно́ в про́руби   1. to dangle, bob, flop (around)   2. to be flighty, unstable, fickle   3. to go from job to job, not to have a steady job

ковыря́ться в говне́   1. to be involved in shady dealings, unpleasant affairs   2. to do boring work

с говна́ вы́тянуть   to praise *smb.* who is unworthy

в говно́ замя́ть   to slander, defame

кто спо́рит, тот говна́ не сто́ит   I don't want to argue with you

попа́л в говно́, так не чири́кай! *also* сиди́шь в говне́, так не чири́кай!   you've got it made, so don't squawk! you've got something good going for you, so don't rock the boat

своё говно́ не воня́ет   one's own shit doesn't stink

с тобо́й хорошо́ говно́ есть *rebuke to greedy person*

говна наесться и при своих остаться to try hard but achieve nothing

говновоз -а 1. garbage collector 2. shitass *g.t.a.*

говновозка -и *dial.* basket for carrying dung fuel

говнодавы *pl.* Russian boots

говноёб -а 1. mumbler 2. indecisive person

говноед -а 1. shitass *g.t.a.* 2. greedy person

говнопловки *pl.*: Дарьи говнопловки *dial.* March 19, Day of Darya the Martyr *(when horse manure begins to float up during the spring thaw)*

говноплывки *pl.*: Дарьи говноплывки *dial. var. of* Дарьи говнопловки

говнопролубка -и *dial. var. of* говнопрорубка

говнопролубница -ы *dial. var. of* говнопрорубка
   Дарьи говнопролубницы *var. of* Дарьи говнопловки

говнопрорубка -и the second half of March *(when spring rivulets carry dung up through ice-holes)*
   Дарьи говнопрорубки *dial. var. of* Дарьи говнопловки

говносёрка -и *dial.* slob, slovenly person

говночист -а 1. cleaner of outhouses 2. indiscriminate man

говнушка -и *dial.* infirm old person

говнушко -а *dim. of* говно

говнюк -а́ shitass, jerk *g.t.a.*

говню́ха -и 1. *fem. of* говню́к 2. ink-cap *(mushroom which grows on dung)* 3. soft, damp mushroom

говню́шка -и 1. *fem. of* говню́к 2. *dial.* object coated with frozen cow dung, used as a sled

говня́дина -ы *hum.* meat of poor quality

говня́к -а́ *var. of* говню́к

говня́каться -аюсь -ается *dial.* fiddle with, waste time on

говня́нка -и *var. of* говню́шка *in meaning 2*

говня́ный *var. of* говённый

говня́ный во́ин dung-beetle

говня́тина -ы crap, worthless thing

говня́ть -я́ю -я́ет (*perf.* заговня́ть, изговня́ть, сговня́ть) to fuck up, foul up

говня́ться -я́юсь -я́ется to shit

говня́шка -и *dial. var. of* говню́шка *in meaning 2*

голожо́пый 1. bare-assed 2. *pejor.* destitute, poor

голу́бенький queer, homosexual

го́мик -а queer, homosexual

гондо́н -а 1. rubber, condom 2. inept, weak man 3. jerk *g.t.a.*

го́сти: к ней го́сти пришли́ *euph.* she's having her period

дава́лка -и nympho, sexually promiscuous woman

че́стная дава́лка woman who enjoys sexual intercourse

давать даю даёт *said of a woman* to put out, offer
  onself sexually

даваха -и *var. of* давалка

дармоёб -а 1. gigolo 2. *hum.* = дармоед

делать: делать под себя *euph.* to wet *or* shit one's
  pants

дермо -а *var. of* дерьмо

дермовщик -а *obs.* cleaner of outhouses

дермовщина: на дермовщину = на дармовщину

дермопрят -а *obs.* cleaner of outhouses

дерьмо -а 1. shit, feces 2. shitass *g.t.a.* 3. crap, junk
  быть по уши (*or* **по шее**) **в дерьме** to be in a heap
  of trouble, be in hot water, be in serious trouble

дерьмовый *adj. of* дерьмо

дерьмократия -и *hum.* = демократия

дешёвка -и 1. cheap whore 2. an easy lay/make

доебать -бу -бёт *perf.* 1. to finish fucking 2. *perf.*
  of доёбывать 3. to finish off, deal a final blow

доебаться -бусь -бётся *perf.* to get, obtain

доёбывать -аю -ает to exasperate, tire out

доказательство -а *euph.* peter, penis

долбать -аю -ает to bang, copulate with

долбоёб -а ass, dunce

доходить -жу -дит to come, ejaculate

драить драю драит (*perf.* **отдраить**) to screw,
  copulate with

драть деру́ дерёт (*perf.* вы́драть, отодра́ть) to screw, copulate with

драчи́ть *var. of* дрочить

дрек -а *var. of* дрэк

дрисня́ -и 1. runny shit, diarrhea 2. crap, shit *fig.*

дрист -а́ *obs.* runny shit, diarrhea

дриста́ть -ищу́ -и́щет (*perf.* надриста́ть) 1. to have the runny shits, have diarrhea 2. *на кого* to badmouth, smear

дристли́вый having runny shits, having diarrhea

дристо́н -а runny shit, diarrhea

дристу́н -а́ 1. person suffering from diarrhea 2. turd, shitass *g.t.a.*

дристу́нья -и bitch, stupid woman *g.t.a.*

дристу́ха -и 1. *fem. of* дристун 2. diarrhea (?)

дроче́ние -я masturbation

дрочи́ла -ы *masc.* masturbator

дрочи́лка -и *var. of* дрочила

дрочи́ть -чу́ дро́чи́т (*perf.* надрочи́ть, подрочи́ть) 1. to jack off, masturbate 2. to tease

   дрочи́ть на карти́нку to masturbate while looking at a picture

   ка́ждый дро́чит, как он хо́чет different strokes for different folks

дрочи́ться -чу́сь дро́чится 1. to masturbate 2. to screw around, waste time

дрóчка -и   1. masturbation   2. senseless activity

дрыслúвый *var. of* дристливый

дрэк -а   crap, shit

дрю́чить -чу -чит (*perf.* вздрю́чить) *когó*   to screw, copulate with

дрю́читься -чусь -чится   to screw, copulate

Ду́нька Кулакóва: игра́ть с Ду́нькой Кулакóвой   to jack off, masturbate

 он игра́ет с Ду́нькой Кулакóвой   he's getting it from Madam Palm and her five daughters

дубоёб -а   dull, talentless person

ду́ля -и   dick, penis

ду́па -ы   ass, buttocks

дымя́щийся: ходи́ть с дымя́щимся   to have a hard-on/erection

дыра́ -ы́   1. pussy, vagina   2. ass-hole, anus

ды́рка -и   *var. of* дыра

ды́шло -а   *euph. for* хуй

дя́чить   to screw, copulate with

ё: ё моё! *or* **ё-ё моё!**   *euph. for* ёб твою мать!

еба́к -а́   *var. of* ёбарь

еба́ка -и *masc. var. of* ёбарь

еба́ло -а   1. trap, mouth   2. mug, face

 закрóй еба́ло!   shut your fucking mouth!

еба́льник -а   1. trap, mouth   2. mug, face   3. snout, nose

ебáльный see станок ебальный

ебанýтый *var. of* ёбнутый

ебанýть -нý -нёт *perf.* 1. to fuck (once) 2. to hit hard 3. to speed off, run away

ёбаный fucking, goddamned *intensifier*

ёбаный в рот fucking, no-good

ёбаный в рот! like hell I will! *strong refusal*

идú к ёбаной (ебéне) мáтери! you motherfucker!

ебáрь -я 1. stud, cunt-chaser 2. boyfriend, lover

ебáть ебý ебёт ёб/ебáл еблá/ебáла еблú/ебáли (*perf.* вы́ебать/вы́еть, заéть, отъéть, распроéть, уéть)

1. to fuck, copulate with

ебáть с погóнами/эполéтами to fuck with the woman's legs on the man's shoulders

2. to cuss out

3. to bitch at, find fault with

ебáть мозгú to bug, pester

4. to fuck (over), treat unfairly

ебýт и фамúлию не спрáшивают they really fuck you over, they treat *smb.* contemptuously

5. *expressing contempt, irritation, or surprise*

ёб твою́ мать! *or* ебú твою́ мать! *or* мать твою́ етú *or* ёб твою́ дýшу мать! 1. go to hell! goddamn you! 2. goddamn it! 3. I'll be damned! 4. I don't give a fuck! I don't care!

ёб твою́ бóга дýшу мать! *or* ебú тебя́ в бáбушку,

прабáбушку, христá спасѝтеля! up yours! go
fuck yourself!

(ебу́) (в) бóга ду́шу мать! *or* (ебу́) (в) бáбушку и
бóга ду́шу мать! goddamn it!

ебѝ тебя́ в гóспода-бóга ду́шу! you goddamn
fucking shit!

ёб твою́ (в) кни́гу/комарá мать! goddamn this
fucking book/mosquito!

ёб твою́ блядь мать! you goddamn fucking whore!

ебёна мать! 1. I'll be damned! *expresses surprise
or amazement* 2. damn it! oh fuck! *expresses consternation*

я ебу́! well, fuck! *expresses surprise, amazement*

я (в рот) егó ебáл! I don't give a fucking shit about
him! I don't care about him at all!

ебáть меня́ в рот *used in oaths* I'll be fucked (if)...

э́то меня́ не ебёт I don't give a fuck, I don't care
about it at all

ебáть клопá *or* ебáть Муму́ to fuck around, en-
gage in useless, stupid activity

хóлод ебёт it's colder than a witch's tit, it's colder
than a well digger's ass, it's fucking cold

ебáться ебу́сь ебётся 1. to fuck 2. to screw around
(with), tinker (with) 3. to fuck oneself

ебѝсь онá (он) в рот! I don't give a shit about her
(him)! she (he) can go fuck herself (himself)

ебáч -á *var. of* ёбарь

ебéне мáтери *dative variant of* ёбаной матери

ебёный *var. of* ёбаный

ебéц ебцá one who fucks

ебистóсить -сит to hit (hard)

ебíтская: ебíтская сíла *expression of surprise, amazement*

ёбки *pl.* orgy, wild party

ёбкий skillful at fucking

еблíвый liking to fuck

еблíстый *var. of* ебливый

еблó -á *var. of* ебáло

    еблóм торговáть to yell, shout

ёбля/ёбля -и 1. (act of) fucking, copulation 2. busy work, senseless activity

    ёбля с пляской 1. big party 2. noise, disorder

ёбнутый mad, crazy

ёбнуть -ну -нет *perf.* 1. to hit (hard) 2. to swipe, steal 3. to drink (down)

ёбнуться -нусь -нется *perf.* 1. to bump against 2. to go crazy 3. to fall

ебня -и (act of) fucking, copulation

еботá -ы (act of) fucking, copulation

еботýха -и *obs.* (act of) fucking, copulation

ёбс = бац

ебýк -á *a curse, i.e.* ёб твою мать

ебу́н -а́   one who fucks

ебу́чий   fucking, goddamned *intensifier*

ебу́шка -и *obs.*   woman who fucks

Евро́па -ы *obs. hum.*   ass, buttocks

едрёный *euph. for* ёбаный, *cf.* ядрёный

едри́ть *var. of* ядрить

елда́ -ы́   (large) prick, penis

елда́к -а́   1. (large) cock, penis   2. *obs.* whoremonger

елда́чить -чу -чит   to fuck around, do busywork

елды́к -а́ *var. of* елдак

ёлки-мота́лки *var. of* ёлки-палки

ёлки-па́лки (зелёные) *euph. for* ёб твою мать *q.v.*

ёрник -а   stud, cunt-chaser

ерунда́ -ы́ *child speech*   penis and testicles

ети́ *var. of* ебать

еть *var. of* ебать

етьё -я́   (act of) fucking, copulation

  етьё-бытьё *hum.* = житьё-бытьё

е́ться *var. of* ебаться

жа́рить -рю -рит (*perf.* отжа́рить)   to screw, copulate with

жа́риться -рюсь -рится (*perf.* отжа́риться)   to screw, copulate

жёлтый песо́к   turds, shit

жени́лка -и *hum.*   penis

же́нское *euph.*   period, menstruation

жи́ла -ы   dick, penis

жо́па -ы

1. ass, buttocks

   жо́па-помидо́р, жо́па-апельси́н   shapely ass/but-
   tocks

2. ass-hole, anus

3. the rear or lower part *of smth.*

   жо́пу каза́ть   to place one's cup upside down to indicate that no more tea is desired

4. shitass *g.t.a.*

   жо́па с ру́чкой, жо́па на колёсах   ass-hole *g.t.a.*

   хи́трая жо́па   smart ass, smart aleck

5. clod, ineffectual person

Other expressions:

   быть в глубо́кой жо́пе   to be up shit creek, be in
   a fix, be in a serious predicament

   в жо́пу пья́ный   very drunk

   дать *кому* по жо́пе   1. to kick *smb.* in the ass   2. to
   make it hot for *smb.*, put *smb.* on the spot

   ду́мать жо́пой   to blunder, make mistakes

   брось ду́мать жо́пой!   get your head out of your
   ass!

   иска́ть на свою́ жо́пу приключе́ний   to look for
   trouble, take unnecessary risks

   как из жо́пы вы́нутый *said of things*   shitty looking, in bad shape

лиза́ть жо́пу *or* целова́ть в жо́пу   to kiss ass, adulate

ковыря́ть в жо́пе   to fuck off, loaf

на чужо́й жо́пе в рай въе́хать *or* на чужо́й жо́пе ката́ться   to sponge, take advantage of *smb.*

натяну́ть глаз на жо́пу *кому*   1. to beat the shit out of, thrash   2. to fool, deceive

показа́ть жо́пу   1. to show contempt, ignore   2. to hightail it, flee

жо́пу ви́деть   to see someone flee
   мы ви́дели его́ жо́пу   we saw him hightailing it

взять *кого* за жо́пу   to catch *smb.* redhanded

приста́ть как ба́нный лист к жо́пе   to be a pest/nag

рвать на жо́пе волоса́/во́лосы   to regret

сра́внивать жо́пу с па́льцем   to compare *(two items of greatly differing value)*

хоть жо́пой ешь   a lot, a large number of

жо́па сли́пнется   1. *said of very sweet/rich food*   2. *said of a greedy person*

через жо́пу   assbackwards, clumsily

язы́к к жо́пе прили́п   the cat's got *his* tongue

засу́нь (э́то) себе́ в жо́пу!   who needs it! *said of a worthless thing*

иди́ в жо́пу!   kiss my ass! go to hell!

на ка́ждую жо́пу хуй с винто́м/с насе́чкой найдётся *or* на ка́ждую хи́трую жо́пу есть хуй (с) винто́м there's always someone smarter than you

он без мы́ла в жо́пу ле́зет   he's a real ass-kisser

у него́ песо́к из жо́пы сы́пится   he's getting old and senile

ши́ло/гвоздь бы́ло у него́ в жо́пе   he had a wild hair up his ass(hole), he was impatient/fidgety

у него́ ру́ки в жо́пе   he's got his elbow up his ass, he's all thumbs

у него́ в жо́пе де́тство игра́ет   he has his head in the clouds, he's a dreamer

ши́ре жо́пы не пёрднешь   everyone has his limits

ну́жен, как в жо́пе зуб   worthless as tits on a boar hog

у него́ жо́па мёдом нама́зана *said of a diligent, assiduous person*

ла́дно, Арка́ш, твоя́ жо́па ши́ре   okay, you're right

жопа́н -а́ *dial.*   fat child

жопа́нья -и *dial.*   fat woman

жопея́ -и́ *dial. var. of* жопа

жо́пин *adj. to* жопа

жо́пистый   1. having a big ass/buttocks   2. having a shapely ass/buttocks

жо́питься -плюсь -пится *dial.*   to cry, weep

жо́пича -и *dial.*   rope tied across the rear of a load

жо́пища -и *aug. of* жопа

жо́пка -и 1. *dim. of* жопа 2. the butt or rear end or lower part *of smth.*

жо́пник -а 1. queer, homosexual 2. brownnose, sycophant 3. *obs.* a connecting strap on a horse harness

жо́пный *adj. to* жопа

жопоёб -а 1. sodomite 2. ass-hole *g.t.a.*

жаполи́з -а brownnose, sycophant

жополюби́вый fond of sodomy

жо́почка -и *dial.* 1. *dim. of* жопка *in meaning 2* 2. ploughshare

жо́почник -а 1. bugger, homosexual 2. ass-kisser, sycophant 3. ass-hole, good-for-nothing *g.t.a.*

жо́пушка -и *dim. of* жопа

жэ *euph. for* жопа

забзде́ть -бзжу́ -бзди́т *perf.* 1. to get scared 2. to (let a) fart

забледова́ться *var. of* заблядоваться

заблядова́ться -дуюсь -дуется *perf.* 1. to be exhausted from whoring 2. to take to whoring

завинти́ть -чу́ -ти́т *perf. of* завинчивать

зави́нчивать -аю -ает (*perf.* завинтить) to screw, copulate with

завинчивать болт *кому* to screw, copulate with

заговни́ться -нюсь -ни́тся *perf.* to drop out, become disaffected

заговня́ть *perf. of* говнять

заде́лать -аю -ает *perf.* to screw, copulate with

за́дница -ы   butt, buttocks

задриста́ть -щу́ -и́щет *perf.*   to foul up

задро́ченный   scatterbrained, absent-minded

задрочи́ться -чу́сь -дро́чится *perf.* to become exhausted

заду́ть -ду́ю -ду́ет *perf. кому*   to put it to, copulate with

заёб -а   1. mental confusion   2. whim, fancy

заёба -ы *masc.*   1. ass-hole, bastard, nuisance *g.t.a.* 2. bully

заеба́нец -нца   bully, troublemaker

заеба́тельский   wonderful, great, exceptional

заеба́ть -бу́ -бёт *perf.*   to wear out *smb.* by fucking 2. to fuck to death   3. to pester, exasperate

   заеба́ть мозги́ *кому*   1. to fool   2. to brainwash

заеба́ться -бу́сь -бётся *perf.*   to become exhausted

   заеби́сь! *expresses joy, surprise*

   заеби́сь ты в до́ску!   get the fuck out of here! don't bother me!

   да заеби́сь он в до́ску!   to hell with him!

заеба́чивать -аю -ает   1. to hit   2. to stick in, insert

заебе́нить -ню -нит *perf. кому*   to slug, hit

заёбина -ы   come, coital secretions

заёбистый   1. bellicose   2. liking to fuck   3. wonderful охуи́тельно заёбистая кни́га! that's a fucking good book!

заёблина -ы *var. of* заёбина

заебо́н -а unexpected *or* strange occurrence

ни хуя́ себе́ заебо́н! what a wierd fucking deal!

заёбываться -аюсь -ается 1. to bug, bully, pester 2. to become exhausted

заéть *perf. of* ебать

зажáривать -аю -ает (*perf.* зажáрить) to start screwing/copulating

зажáрить -рю -рит *perf. of* зажаривать

зажо́пить -плю -пит *perf.* to catch redhanded

зайти́сь -ду́сь -дётся *perf. of* заходиться

закáкать -аю -ает *perf.* 1. to shit 2. to dirty, soil

закáкаться -аюсь -ается *perf.* to fuck up, bungle

заклёпка: постáвить заклёпку to screw, copulate with

залу́па -ы 1. head of penis 2. foreskin 3. shitass *g.t.a.*

залу́па ко́нская ass-hole, jerk *g.t.a.*

сосáть залу́пу to be deprived of *smth.*, fail to get what one wants

пососи́ залу́пу! *negative answer to a request*

залупáться -áюсь -áется (*perf.* залупи́ться) *на кого* 1. to get pissed off, fly off the handle 2. to pick a fight/argument

залупи́ть -плю́ залу́пит *perf.* to expose the head of the penis

залупи́ться -плю́сь залу́пится *perf. of* залупаться

замо́к -мка́ pussy, vagina

замуди́ть -жу́ -ди́т *perf.* to bullshit, fool

замуди́ться -жу́сь/-дю́сь -ди́тся *perf.* 1. to be exhausted from fucking 2. to be tired

замудо́ханный 1. fucked-out, tired from fucking 2. tired, weary

замудо́хать -аю -ает *perf.* to tire out, exhaust

замудо́хаться -аюсь -ается *perf.* to become exhausted from fucking 2. to become exhausted

запендря́чивать -аю -ает (*perf.* запендря́чить) *obs.* to screw, copulate with

запендря́чить -чу -чит *perf. of* запендрячивать

заперде́ть -жу́ -ди́т *perf.* to (let a) fart

заперде́нить -ню -нит *perf. кому* to lay, fuck

заперди́чить -чу -чит *perf. кому* to put it to, copulate with

запи́здить -зжу -дит *perf.* to throw far

запизди́чить -чу -чит *perf.* 1. to hit 2. to throw (in) 3. to stick in, insert

запи́санный soiled with urine

запи́сать -аю -ает *perf.* to piss on

запи́сянный *var. of* записанный

запи́сять -яю -яет *var. of* записать

запихну́ть -ну́ -нёт *perf.* *кому* to screw, copulate with

засади́ть -жу́ -са́дит *perf.* *кому* to put it to, copulate with

он ей засади́л he laid her

засе́ра -ы *var. of* засеря

засе́ривать -аю -ает (*perf.* засе́рить) 1. to dirty 2. to fuck up, bungle

засе́рить -рю -рит *perf. of* засеривать

засе́ря -и *masc. & fem.* shitass *g.t.a.*

засира́ть -а́ю -а́ет (*perf.* засра́ть) 1. to dirty 2. to foul up 3. to litter

засира́ть мозги́ *кому* *var. of* заебать мозги

засра́нец -нца shitass *g.t.a.*

засра́нка -и bitch, slut, foul woman

засра́ть -сру́ -срёт *perf. of* засирать

засра́ть глаза́ to con, pull the wool over *smb's* eyes

засра́ться -сру́сь -срётся *perf.* 1. to shit one's pants 2. to screw up, fuck up, bungle

за́ссанный *var. of* засцанный

засса́ть -ссу́ -ссы́т *perf.* 1. to piss (on) 2. to become frightened, cower

засса́ть *кому* мозги́ to fool, deceive

зассы́ка -и *var. of* зассыха

зассы́ха -и *masc. & fem.* 1. ass-hole, shitass *g.t.a.* 2. person who wets *his* pants 3. young girl *abusive*

засцанный 1. soiled with urine 2. dirty, slovenly

засцыха -и *var. of* зассыха

захезать -аю -ает *perf.* to (take a) shit, defecate

захерачить -чу -чит *perf. кому* to fuck, copulate with

заходиться -жусь -дится (*perf.* зайтись) to come, have orgasm

заходка -и orgasm

захуяривать -аю -ает (*perf.* захуярить) 1. to hit *or* throw in (e.g. a ball into a goal) 2. to go too far, do something extreme

захуярить -рю -рит *perf. of* захуяривать

захуячить -чу -чит 1. to strike 2. to throw (far)

захуячиться -чусь -чится *perf.* = завозиться

я захуячился в домашней работе I got bogged down in my homework

зашпундоривать -аю -ает to copulate energetically

злоебучий 1. horny, sexually aroused 2. difficult 3. strict 4. bad 5. *of food* hot, spicy

золотарить -рю -рит to work as an outhouse cleaner

золотарь -я person who cleans outhouses

золотовоз -а person who cleans outhouses

зудить -жу -дит (*perf.* отзудить) to screw, copulate with

изговнять *perf. of* говнять

изговняться -яюсь -яется *perf.* to turn bad, go bad

изъеба́ть -бу́ -бёт *perf.*   1. *obs.* to fuck, copulate with
   2. to bug, pester

изъеба́ться -бу́сь -бётся *perf.*   to drag one's ass, become exhausted

име́ть име́ю име́ет (*perf.* поиме́ть) *euph.*   to have,
   lay, copulate with

испи́здить -зжу -здит *perf.*   to beat up, thrash

кабине́т заду́мчивости *euph. hum.*   lavatory

ка́ка -и *child speech*   crap, feces

ка́канье -я   (act of) crapping/defecating

ка́кать -аю -ает   to crap, defecate

ка́каться -аюсь -ается   1. to crap/dirty one's pants
   2. *impers.* to crap, defecate

кака́шка -и   1. turd, piece of feces   2. shitass *g.t.a.*
   сде́лать кака́шку   to fuck up, bungle

каме́лия -и   woman of the night, prostitute

кача́ть -а́ю -а́ет   to screw, copulate with

каче́ль: туда́ их в каче́ль   *euph. for* туда́ их в пизду́

квадра́тный трёхчле́н *hum.*   = хуй *in meaning 1*

кида́ть -а́ю -а́ет (*perf.* ки́нуть) *кому*   to copulate with

ки́нуть -ну -нет   *perf. of* кидать

кислобзде́й *obs.*   one who lets stinky farts

кислобзди́й *obs. var. of* кислобзде́й

кляп -а *obs.*   cock, prick, penis
   не хо́(че)шь ли кля́па соба́чьего! *var. of* а хуя́ не
   хо́чешь?

кляпóк -пкá *dim. of* кляп

козá -ы́ *masc.* queer, homosexual

козёл -злá queer, homosexual

кóзлик -а queer, homosexual

кóкушки -шек balls, testicles

кол -á rod, penis

он хóдит, кóлом махáет he's hot to trot, horny

встáвить кол *комý* to put it to, copulate with

колбасá -ы́ dick, penis

колдоёбина -ы = колдобина

колхóзом: ебáть колхóзом to gang-bang, gang-rape

кондóн -а *var. of* гондон

конéц -нцá dick, penis

схватúть/получúть на конéц to catch V.D.

кончáть -áю -áет (*perf.* кóнчить) to come, have orgasm *said of man or woman*

кóнчить -чу -чит *perf. of* кончать

копúлка -и box, vagina

кóрень -рня *obs.* tool, penis

корешóк -шкá tool, penis

корóвья лепёшка meadow muffin, cow dung

королёк -лькá 1. vagina located in a relatively anterior position (cf. сиповка) 2. *affectionate* dicky, small penis

кот -á pimp

кóшка: онá ебётся как кóшка she fucks like a mink

кран -а *child speech*   peter, penis
кра́ник -а *var. of* кран
крант -а *var. of* кран
кра́нтик -а *var. of* кран
кра́ски -сок *euph.*   menstruation
кра́сные фла́ги *euph. var. of* красные числа
кра́сные чи́сла *euph.*   period, menstruation
края́ -ёв   lips of cunt, labia
кро́ви   period, menstruation
куна́ -ы́   pussy, vagina
куни́ца -ы *dim. of* куна
ку́нка -и *dim. of* куна
ку́ночка -и *dim. of* куна
ку́рва -ы   1. whore   2. bitch, slut   3. bastard *g.t.a.*
   ку́рва бу́ду... *or* ку́рвой мне быть... *var. of* блядь
   буду...
курва́ль -я   whoremonger
курвёнок -нка *obs.*   whoreson
курве́ц -а́   son of a bitch, vile person
ку́рвин -а -о *obs.*   whore's
   ку́рвин сын   son of a bitch, bastard *g.t.a.*
курви́ный   pertaining to a whore
ку́рвища -и *aug. of* курва
ку́рвище -а *var. of* курвища
курвя́житься -жусь -жится   1. to act like a whore
   2. to consort with whores

курвяжи́ща -и *aug. of* курва

курвя́жник -а *obs.* whoremonger

курвя́жница -ы *obs. var. of* курва

курвя́жный *obs.* 1. pertaining to a whore 2. dissolute

ла́панье -я feeling-up, titillation

ла́пать -аю -ает to feel up, titillate

лаху́дра -ы 1. dirty, unkempt woman 2. *obs.* whore, slut

лейтена́нт -а 1. chancre 2. syphilitic person 3. clap, gonorrhea

ле́льки tits, breasts

лете́ть: лети́ его́ мать *euph. for* ети его мать

лечь ля́гу ля́жет *perf. of* ложиться
  она́ сра́зу ля́жет she's an easy lay

ложи́ться -жу́сь -жи́тся (*perf.* лечь) to make love, copulate
  что э́то за ба́ба? она́ ложи́тся? what sort is she? does she fuck?

лоха́нка -и *var. of* лохань

лоха́нь -и big pussy, large vagina

лохма́тка -и *hum.* box, vagina

лы́сина -ы head of penis

ля́льки *var. of* лельки

ля́рва -ы whore, slut *g.t.a.*

мада́м сижу́ *euph.* derrière, buttocks

малафе́йка -и *dim. of* малафья

малафья́ -и́ come, semen

малобзде́ц *hum.* = молодец

малофья́ -и́ *var. of* малафья

ма́льчик -а queer, homosexual

   ма́льчик у армя́н   queer, homosexual

манда́ -ы́ cunt, vagina

мандаво́шка -и 1. crab (parasite found in pubic hair)
  2. shitass *g.t.a.*

манда́вша -и bitch, slut

мандёж -а́ bullshit, nonsense

манди́ща -и *aug. of* манда

мандово́ха -и *var. of* мандавошка

мандю́к -а́ pest, nuisance

ма́нька -и *masc.*   queer, homosexual

ма́ра -ы whore

ма́ртовский кот horny person

мару́ха -и 1. lover   2. whore

ма́ршал -а advanced case of syphilis

мать: мать-перема́ть! *or* твою́ мать! *or* мать твою́
  за́ ногу!   *euph. for* ёб твою́ мать!

   ёб твою́ бо́га ду́шу мать!   *see* ебать

   иди́ к тако́й-то ма́тери!   *euph. for* иди к ёбаной/
   ебене матери!

маха́лка -и dick, penis

маха́ть -а́ю -а́ет (*perf.* отмаха́ть)   to screw, make

Máшка -и *euph.* pussy, vagina

мéсто: каки́м мéстом ду́мать *euph. for* жо́пой ду́-
мать

  поцелова́ть в одно́ мéсто *euph. for* поцеловать
  в жо́пу

месяца́ *pl. euph.* period, menstruation

мéсячные *pl. euph.* period, menstruation

мине́т -а 'French style' sex, blow job, fellatio

  она́ сдéлала мне мине́т she blew me

мине́тка -и woman who performs fellatio

мине́тчик -а 1. cunt-lapper, cunnilinctor 2. cocksucker, fellator

мине́тчица -ы woman who engages in oral sex

минжа́ -и́ pussy, vagina

минжева́ться -жу́юсь -жу́ется to hesitate, vacillate

мозгоёб -а pain-in-the-ass, annoying person

мозгоеба́тель -я *var. of* мозгоёб

мозгоёбство -а annoying act(s), nuisance

мокрохво́стка -и slut

мокрощёлка -и 1. nympho, girl eager to have sex
2. pussy, vagina

молофья́ -и́ *var. of* малафья

морко́вка -и dick, penis

морко́вь -и dick, penis

моча́: моча́ уда́рила в го́лову he really made an ass
of himself, he did something really stupid

мочáлка -и   *var. of* мочáло

мочáло -а   pussy, vagina

мудá   *var. of* мудня

мудáк -á   fool

мудашвúли   stupid Georgian *parody on Georgian names*

мудé -я́ *pl.* мýди мудéй   balls, testicles
    дать *кому* по мýдям   to kick *smb.* in the balls

мудёж -á   bullshit, nonsense

мудéть -жý -дúт (*perf.* промудéть)   to bullshit, drivel

мудúла -ы *masc.*   fool, simpleton

мудúло -а   *var. of* мудúла

мудúстика -и   bureaucratic bullshit, red tape

мудúстый *obs.*   having big balls/large testicles

мудúть -дю́/-жý -дúт   to bullshit, drivel
    ну, не мудú!   come on, don't bullshit!

мудúться -жýсь -дится   1. to fuck around/off, waste time   2. to fuck around with, tinker with
    я цéлый день мудúлся с машúной! I fucked around with that car all day!

мудня́ -и́   crap, worthless thing   2. long, drawn-out proceedings

мудó -á́ *pl.* мудá   *var. of* муде

мудозвóн -а   1. bullshitter, loudmouth   2. shitass *g.t.a.*

мудóхать -аю -ает (*perf.* отмудóхать)   1. to beat, thrash   2. to go a (certain) distance далеко́ ещё мудо́хать? do we still have far to go?

мудо́хаться -аюсь -ается *var. of* мудиться

мудошлёп -а bullshitter, loudmouth

мудушки *dim. of* муди

муды́ *pl. var. of* муди

мудьё -я́ bullshit, nonsense

мудя́нка -и boring work, monotonous task

мудя́шный 1. *adj. to* муде 2. unimportant, trivial

мышь: чего́ мы́ши не едя́т/грызу́т pussy, vagina

набзде́ть -бжу́ -бзди́т *perf.* 1. to let a big (silent) fart 2. to put a damper on, spoil a mood 3. to inform on, squeal on 4. to bullshit, talk too much

навоня́ть *perf. of* воня́ть

наговня́ть *perf. of* говня́ть

надави́ть -влю́ -да́вит *perf.* to screw, copulate with

наде́лать -аю -ает *perf. euph.* 1. to crap, defecate 2. to pee, urinate

наде́лать в штаны́ 1. to shit one's pants 2. to be scared shitless, be terrified

надра́чивать -аю -ает to jack off, masturbate

надриста́ть *perf. of* дриста́ть

надрочи́ть *perf. of* дрочи́ть

надрочи́ться -чу́сь -чится *perf., usually pejor.* to get the hang of, learn a job

наеба́ловка -и deceit, trickery

наеба́ть -бу́ -бёт *perf. of* наёбывать

наебáться -бýсь -бётся *perf. of* наёбываться

наебнýть -нý -нёт 1. *perf. of* наёбывать

он меня наёб на два рубля he screwed me out of
two rubles

2. (*past tense* наебнýл -а -и) to gorge oneself, eat
until stuffed

наебнýться -нýсь -нётся *perf.* 1. to bump into, bang
into 2. to fall down (hard) 3. to fuck up, make a
mistake 4. to fail

наёбывать -аю -ает (*perf.* наебáть) 1. to screw,
shaft, take advantage of 2. to pound, punch

наёбываться -аюсь -ается (*perf.* наебáться) 1. to
fuck until exhausted 2. to work one's ass off, work
until exhausted

нажáривать -аю -ает to screw, copulate with

накáкать -аю -ает *perf. of* какать

накачáть -áю -áет *perf. of* накачивать

накáчивать -аю -ает (*perf.* накачáть) 1. to ball,
copulate with 2. to knock up, impregnate

наклáсть -дý -дёт (*perf.* наложить) to crap, defecate

наклáсть пóлные штаны 1. to shit one's pants
2. to be scared shitless, be terrified

наложить -жý -лóжит *perf. of* наклáсть

напердéть -жý -дит *perf.* 1. to let a big fart 2. to
rat, inform on

напи́здить -зжу -здит *perf.* to beat, thrash

написа́ть -аю -ает *perf. of* писать

напыря́ть -яю -яет *perf.* to screw, copulate with

на́сморк: пари́жский / гуса́рский / архиере́йский на́сморк clap, gonorrhea

насра́ть -сру́ -срёт *perf.* 1. to shit (on) 2. to do *smb.* dirt/wrong 3. to stink up (a place), cause a bad odor 4. to soil, dirty

мне на э́то де́ло насра́ть I don't give a shit about that, I don't care about that at all

насра́ть *кому* в карма́н *or* в борщ *or* в компо́т *or* в таре́лку to play a dirty trick on *smb.*

насра́ть *кому* в ду́шу to let down, do *smb.* dirt, cheat

насса́ть нассу́ нассы́т *var. of* насцать

наструха́ть -а́ю -а́ет *perf.* to come, ejaculate copiously

насца́ть -сцу́ -сци́т *perf.* to piss (on)

натя́гивать -аю -ает (*perf.* натяну́ть) to lay, fuck

натяну́ть -ну́ -тя́нет *perf. of* натягивать

нафуя́рить *var. of* нахуярить

нахе́зать *perf. of* хезать

нахýйник -а rubber, condom

нахуя́рить -рю -рит *perf.* 1. to sentence, convict 2. to cram full, stuff 3. to break (a number of) 4. *of nails, etc.* to pound in

нахуя́риться -рюсь -рится *perf.* to get drunk

на́йбывать *var. of* наёбывать

невпроёб = невпроворот

недоёбанный stupid, dimwitted

недоёбок -бка moron *g.t.a.*

ненаёба -ы *masc. & fem.* horny person, person with insatiable desire for sex

ненаёбный sexually insatiable/starved

обдри́станный covered with (runny) shit

обдриста́ть -ищу́ -и́щет *perf.* to shit (on)

обдриста́ться -ищу́сь -и́щется *perf.* 1. to shit on oneself 2. to screw up, fuck up, bungle

обжима́ть -а́ю -а́ет to feel up *smb.*

обжима́ться -а́юсь -а́ется to pet, neck, stimulate each other

облядова́ть -ду́ю -ду́ет *obs. perf. of* блядовать

обосра́нец -нца shitass *g.t.a.*

обо́сранный 1. covered with shit 2. shitty, low-quality 3. guilty 4. smeared, defamed

обосра́ть -сру́ -срёт *perf. of* обсирать
она́ всю (кра́сную) мали́ну обосра́ла she screwed everything up, she spoiled everything

обосра́ться -сру́сь -срётся *perf. of* обсираться

обо́ссанный 1. covered with piss 2. dirty, smelly

обосса́ть -ссу́ -ссы́т *var. of* обосцать

обосца́ть -сцу́ -сци́т *perf.* to piss (on)

ле́гче чем два па́льца обосца́ть   very eas(il)y

обосца́ться -сцу́сь -сци́тся *perf. of* обсикаться

обрюха́тить *perf. of* брюхатить

обсере́нция -и stench of shit

обси́кать -аю -ает to piss (on)

обси́каться -аюсь -ается *child speech* to piss on oneself, piss one's pants

обси́кивать -аю -ает to piss (on)

обсира́ть -а́ю -а́ет (*perf.* обосра́ть) 1. to shit on
2. to dirty, damage 3. to smear, slander

обсира́ться -а́юсь -а́ется (*perf.* обосра́ться) 1. to
shit on oneself, shit one's pants 2. to fuck up, fail
2. to be gutless/cowardly

обстоя́тельства *euph.* period, menstruation

обсю́кать -аю -ает *var. of* обсикать

обхе́зать -аю -ает *perf.* 1. to dirty with shit 2. to
fuck up, spoil 3. to smear, slander

обхе́заться -аюсь -ается *perf.* 1. to shit one's pants
2. to ruin, spoil 3. to turn coward

объеба́ть -бу́ -бёт *perf. of* объёбывать

я его́ объеба́л в ша́хматы   I beat him at chess

объёбывать -аю -ает (*perf.* объеба́ть) 1. to fuck,
copulate with 2. to outdo, beat 3. to fool, deceive

одноху́йственно = всё равно

мне одноху́йственно, кто ты есть!   I don't give
a fuck who you are!

опизденéлый 1. befuddled   2. crazy   3. pissed off, extremely angry

опизденéть -éю -éет *perf.*   1. to be exhausted   2. to be befuddled   3. to get pissed off, become very angry

опи́саться -аюсь -ается *perf.*   1. to piss one's pants   2. to be scared

орéхи turds, droppings *of certain animals*

осáживать -аю -ает to screw, copulate with

ослоёб -а ass-hole, incompetent person

остоебáть: мне всё остоебло́! I'm fucking tired of all this! I'm fed up with all this!

остоебéнить -ню -нит *perf.* to bore, tire
   э́то мне остоебéнило! that bored my ass off!

остопи́здеть -зжу -здит *perf.*   1. = опизденеть   2. *кому,* = остоебенить

остохуéть *perf., past tense only*   1. *var. of* охуеть (*see* охуевать)   2. *var. of* остоебенить

отбарáть -áю -áет *perf. of* барать

отваля́ть -я́ю -я́ет *perf. of* валять

отдéлать -аю -ает *perf.* to screw, copulate with

отдрáить -дрáю -дрáит *perf. of* драить

отжáривать -аю -ает to screw, copulate with

отжáрить -ю -ит *perf.* to screw, copulate with

отжáриться -юсь -ится *perf.* to get out, leave
   отжáрься от меня́! get the fuck away from me!

отзуди́ть -жу́ -ди́т *perf. of* зудить

откатáть -áю -áет *perf.* to screw, copulate with

отливáть -áю -áет (*perf.* отли́ть) to take a leak, piss, urinate

отли́ть отолью́ отольёт *perf. of* отливать

отмахáть -áю -áет *perf.* to screw, copulate with

отмéтиться -чусь -тится *perf. of* отмечаться

отмечáться -áюсь -áется (*perf.* отмéтиться) to piss, urinate

отмудóхать -аю -ает *perf. of* мудохать

отодрáть отдеру́ отдерёт *perf. of* драть

отóрва -ы impudent whore

отосрáться -сру́сь -срётся *perf.* to (take a) shit, defecate

отпи́здить -зжу -здит *perf.* to beat up, thrash

отпиздя́чить -чу -чит *perf. of* пиздячить

отпорóть -порю́ -пóрет *perf.* to lay, copulate with

отпрóбовать -бую -бует to lay, copulate with

отрабóтать -аю -ает *perf.* to screw, copulate with

отсóс -а blow-job, fellatio

сдéлать отсóс *кому* to give *smb.* a blow-job

отсосáть -су́ -сёт *perf.* to blow, perform fellatio

онá ему́ отсосáла (хуй) she blew him

отсрáть отосру́ отосрёт *perf.* to (take a) shit

оттрáхать -аю -ает *perf. of* трахать

отфуя́рить *var. of* отхуярить

отхáрить -рю -рит *perf. of* харить

отхера́чить -чу -чит *var. of* отхуячить

отху́якать -аю -ает *var. of* отхуячить

отхуя́рить -рю -рит *perf.* 1. to serve (a long sentence) 2. to beat the shit out of, thrash 3. to cover (a long distance)

мы отхуя́рили де́сять км. пешко́м we covered the whole ten km. on foot

отхуя́чить -чу -чит *perf.* to beat the shit out of, thrash

отшво́рить *perf. of* шворить

объеба́ть -бу́ -бёт *perf.* to fuck thoroughly

отъеба́ться -бу́сь -бётся *perf.* 1. to get out, leave

отъеби́сь от меня́! get the fuck away from me!

2. to have a good fuck, copulate to satisfaction

отъе́ть -ебу́ -ебёт *perf. of* ебать *in meaning 1*

охуева́тельский terrific, wonderful, very good

охуева́ть -ва́ю -ва́ет (*perf.* охуе́ть) 1. to be puzzled
2. to be amazed 3. to go nuts/crazy 4. to be impressed

охуева́ющий terrific, wonderful, very good

охуева́юще awfully, terribly, extremely

охуе́ние -я (act of) going crazy

до охуе́ния to the point of madness/insanity *general intensifier*

надое́ла мне э́та рабо́та до охуе́ния that work bored my ass off

охуе́ть **-е́ю** **-е́ет** *perf. of* охуевать

охуе́ть на ра́достях to jump for joy, be ecstatic

охуи́тельный 1. terrific, very good 2. lousy, terrible

охуя́чивать **-аю** **-ает** (*perf.* охуячить) to fool, deceive

охуя́чить **-чу** **-чит** *perf. of* охуячивать

о́чередь: пропусти́ть через о́чередь to gang-bang, gang-rape

очко́ **-а́** 1. ass-hole, anus 2. toilet seat opening

у него́ очко́ игра́ет he's scared

очко́ не взлохма́тится *said of something that is not fun or enjoyable*

па́лец: два́дцать пе́рвый па́лец *hum.* dick, penis

па́лка **-и** orgasm

он ей три па́лки поста́вил/ки́нул/бро́сил he stuck it to her/copulated with her three times

пе́дик **-а** *var. of* педрик

пе́дрик **-а** queer, homosexual

пендря́чить *obs.* to screw, copulate with

перде́ж **-а́** 1. farting 2. crap, bullshit, nonsense

перде́ние **-я** farting

перде́ть **-жу́** **-ди́т** (*perf.* пёрднуть) 1. to fart 2. to bullshit 3. to squeal on, inform

кто-то перди́т someone's a stoolie

4. to get out, leave

перди́ отсю́да! get the hell out of here!

перди́ло -а   1. ass, buttocks   2. ass-hole, anus

перди́льник -а   butt, ass, buttocks

пёрднуть -ну -нет   *perf. of* пердеть

сказа́л, как в лу́жу пёрднул   he really put his foot
   in his mouth, he said something really stupid

пёрднуть *кому* в ду́шу   1. to piss off, offend   2. to
   let down, betray, cheat on

она́ задарма́ не пёрднет   she's a selfish bitch

пердо́ -а́   fart (gas)

пердо́н *hum.* = пардон

перду́н -а́   1. person who farts frequently   2. weak
old man *abusive*

пердуне́ц -нца́ *obs.*   gas, flatulence

пердуни́на -ы *obs.*   ignoramus

перду́нья -и   woman who farts frequently

ста́рая перду́нья   old bitch *g.t.a.*

перду́ха -и   1. stench   2. *var. of* пердунья

перду́шка -и *affectionate*   woman who farts frequently

пердь   *interjection from* пердеть

пердя́чий пар: он идёт пердя́чим па́ром   he's getting
there on his own steam, he's going on foot

перебзде́ть -бзжу́ -бзди́т *perf.*   to be frightened (of)

передо́к: она́ слаба́ на передо́к   she's an easy lay,
yields readily to sexual advances

он слаб на передо́к   1. he's a cunt-chaser   2. he's
   unstable/untrustworthy

переéть -ебý -ебёт *var. of* переебать

передристáть -ищý -и́щет *perf.* to shit on
одна́ коро́ва дристли́ва—всё ста́до передри́щет
one bad apple spoils the barrel

переебáть -бý -бёт *perf.* 1. to fuck (many or all)
2. to break (many or all)

переебáться -бýсь -бётся *perf.* to fuck, copulate
она́ перееблáсь со всем го́родом she's fucked
everyone in town

перекосоёбить = перекосить

перемáть: мать твою́ (в) перемáть *euph. for* еби́
твою́ мать

перепи́здить -зжу -здит *perf.* 1. to be tired, exhausted
2. to be confused, befuddled 3. to get pissed-off, become extremely angry 4. to beat up, thrash 5. to break

перепихáться -áюсь -áется *perf.* to screw, copulate

перепихнýться -нýсь -нётся *perf.* to screw, copulate

перепро́бовать -бую -бует *perf.* to screw, copulate
with (many or all)

переси́кать -аю -ает to piss over

переси́кнуть -ну -нет *perf.* to piss over

переспáть -сплю́ -спи́т *perf. с кем* to have sex with

перетáк: так (твою́) перетáк! *euph. for* ёб твою́
мать

пёрнуть -ну -нет *perf. of* пердеть

песо́чница -ы *hum.* box, vagina

пётля -и *obs.*   pussy, vagina

петýх -á   1. punk, homosexual   2. *child speech* peter, penis

петушóк -шкá   *var. of* петух

пётька -и *masc.*   passive homosexual

пи   *abbr. of* пизда

пѝдар -а   *var. of* пидарас

пидарáс -а   1. fag, homosexual   2. shitass *g.t.a.*

пѝдер -а   *var. of* пидарас

пѝдор -а   *var. of* пидарас

пиздá -ы́   1. cunt, vagina   2. woman *abusive*

  пиздá рвáнная   stupid bitch *g.t.a.*

  пиздá стáрая   old bitch *g.t.a.*

  пиздá с зубáми   nasty bitch

 3. *said of a man* shitass, motherfucker *g.t.a.*

  пиздá вонючая, пиздá мóкрая   motherfucker *g.t.a.*

  дать *кому* пизды́   to slug, hit

  дать *кому* по пиздé мешáлкой   to tell off, put *smb.* in his place

  пиздá с зубáми!   *expresses great surprise, astonishment*

  ни хуя́ себé пиздá с зубáми!   I'll be a son of a bitch!

  пиздóй накры́ться   1. to fail, be unsuccessful 2. to die   3. to fall through

  моя́ поéздка в Кѝев пиздóй накры́лась   my trip to Kiev fell through

пизду́ смеши́ть   to talk nonsense

торгова́ть пиздо́й   to whore, be a prostitute

она́ даёт пизду́   she puts out, she fucks

ему́ до пизды́ две́рцы   he doesn't give a fuck, he doesn't care at all

до пизды́ ну́жно   entirely unnecessary

ну́жно, как пизде́ буди́льник / кирпи́ч / рука́в   worthless as tits on a boar hog, completely useless

ни в пизду́, ни в кра́сную а́рмию   absolutely useless/worthless

с пизды́ свали́ться/сорва́ться   1. to appear suddenly   2. to be ignorant (of smth. generally known)

ты что, с пизды́ сорва́лся?   where have you been (all your life)? don't you know anything?

ковыря́ться в пизде́ *said of a woman*   to fuck off, loaf

иди́ в пизду́ (на переде́лку)!   go fuck yourself! up yours!

ло́пнула пизда́, пропа́ли де́нежки!   it's a fucked-up situation! this is a hell of a mess!

туда́ их в пизду́!   to hell with them!

пизда́ тебя́ роди́ла!   you bastard!

пиздану́ть -ну́ -нёт *perf.*   1. to slug, hit   2. to swipe, steal   3. to belt/swill down (a drink)

пиздану́ться -ну́сь -нётся *perf.*   1. to go crazy   2. to bump (against)

пизданутый   dense, stupid

пиздёж -á   1. bullshit, nonsense   2. lie, falsehood

пиздёнка -и   *dim. of* пизда *in meaning 1*

пиздёночка -и   *dim. of* пизда

пиздéнь -и   cunt, vagina

пиздéть -зжý -здúт   1. to bitch, complain   2. to chatter   3. to bullshit, lie

   не пиздú!   don't (bull)shit me!

пиздéц -á   1. death   2. *exclamation of joy, delight*

   емý пиздéц   it's curtains for him

   пиздéц котёнку (срать не бýдет)   *expresses dismay over hopeless situation*

пúздий -ья -ье   *adj. to* пизда

пиздúло -а   ass-hole, bastard *g.t.a.*

пиздúстый   1. bullshitting, big-mouthed   2. willing to fuck

пúздить -зжу -здит (*perf.* спúздить)   to snitch, steal

пиздúща -и   *aug. of* пизда

пиздобóл -а   1. bullshitter   2. simpleton   3. carefree person

пиздобóлить -лю -лит   1. to bullshit, talk nonsense   2. to fuck around, waste time

пиздобрáтия -и   group of buddies/chums *usually derogatory*

пиздовáтенький   1. bad   2. unattractive   3. odd, ridiculous   4. stupid   5. runt, small person

пиздова́тый dense, stupid

пиздова́ть -ду́ю -ду́ет to go *(replaces various verbs of motion)*

    пизду́й отсю́да! get the fuck out of here!

пиздо́вина -ы *var. of* хуёвина

пиздовоню́чка -и woman with smelly cunt

пиздоёб -а ass-hole *g.t.a.*

пиздоли́з -а 1. cunt-lapper 2. prick, ass-hole *g.t.a.*

пиздоплёт -а bullshit artist, bullshitter

пиздорва́н -а *var. of* пиздорванец

пиздорва́нец -нца fucker *g.t.a.*

пиздорва́нка -и bitch *g.t.a.*

пиздоро́жье -я *hum.* = бездорожье

пиздо́с -а *var. of* пиздюк

пиздосо́с -а shitass, ass-hole *g.t.a.*

пиздострада́тель -я horny, frustrated man

пиздо́ся -и *masc.* cunt-chaser

пизду́н -а́ 1. liar 2. shitass *g.t.a.?*

пиздушка -и *dim. of* пизда

пиздю́га -и 1. cunt 2. shitass *g.t.a.*

пиздю́к -а́ shitass *g.t.a.*

пиздю́лина -ы 1. do-dad, thing 2. bitch *g.t.a.*

пиздю́линка -и *dim. of* пиздюлина

пиздю́ля -и *masc.* runt

    наве́сить/надава́ть/дать пиздюле́й to beat up, thrash

Добрые молодцы-кулачные бойцы.
Лубочная картинка.

Шут Фарнос
Лубочная картинка.

пиздюха́ть (*perf.* попиздюха́ть) *inf. and past tense only* = идти

скóлько нам ещё пиздюха́ть?   how fucking far do we have to go?

пиздя́кнуться -нусь -нется *perf.*   to fall down hard, crash

пиздя́риться -рюсь -рится   to fight

пиздя́стый   *var. of* пиздистый

пиздя́тина -ы   1. cunt, vagina   2. crap, junk   3. turd, worthless person

пиздя́тины захотéлось   I'd like some pussy

пиздя́тинка -и   *var. of* пиздятина *in meaning 1*

на пиздя́тинку потяну́ло!   I'm really horny!

пиздя́чить -чу -чит   1. (*perf.* отпиздя́чить) to beat the shit out of, thrash   2. *replaces various verbs of motion*

пили́ть -лю́ пи́лит   to screw, copulate with

пипéтка -и   small penis

пипи́: сдéлать пипи́ *child speech*   to pee, urinate

пипи́кать -аю -ает *child speech*   to pee, urinate

пипи́лечка -и   *dim. of* пипилька

пипи́лька -и *child speech*   peter, penis

пипи́рка -и *child speech*   peter, penis

пипи́рочка -и   *dim. of* пипирка

пипи́ська -и *child speech*   1. peter, penis   2. pussy, vagina

пи́пка -и *child speech* 1. peter, penis 2. pussy, vagina

пи́почка -и *var. of* пипка

пи́пушка -и *var. of* пипка

пиро́г -á pussy, vagina

пи́сать -аю -ает (*perf.* попи́сать) 1. to piss 2. to be hot for, be sexually attracted to

пи́сенька -и 1. peter, penis 2. pussy, vagina

пи́снуть -ну -нет *perf. of* пи́сать

писто́н: вста́вить / поста́вить писто́н *кому* to screw, copulate with

писýн -á little boy

пи́ська -и 1. peter, penis 2. pussy, vagina

пи́сять -яю -яет *var. of* пи́сать

пити́шка -и *obs.* penis

пиха́ние -я (act of) screwing/copulation

пиха́ть -áю -áет to screw, copulate with

пиха́ться -áюсь -áется to screw, copulate

пичýга -и *obs.* peter, penis

пичýжечка -и *var. of* пичуга

пичýжка -и *var. of* пичуга

плёха -и whore

плёшничать -аю -ает to whore, dissipate

плешь -и *obs.* head of the penis

плотнóе period, menstruation

плоть -и come, semen

плы́ва -ы *masc. & fem., obs.* bed-wetter

плыву́н -а́   bed-wetter

побара́ть -а́ю -а́ет   *perf. of* барать

побара́ться -а́юсь -а́ется   *perf. of* бараться

побзде́ть -бзжу́ -бзди́т *perf.*   to fart

поблядова́ть -ду́ю -ду́ет   *perf. of* блядовать

поблядунья -и   slut, unscrupulous woman

поблядушка -и   1. slut, unscrupulous woman   2. an easy lay/make, woman easily seduced

побры́згать -аю -ает   *perf. of* брызгать

повыёбываться -аюсь -ается   to show off (occasionally)

подвзбзде́ть   *var. of* подвзбзднуть

подвзбздну́ть -ну́ -нёт *hum.*   to fart and try to conceal it

подговня́ть -я́ю -я́ет *perf.*   to foul up (slightly)

поддава́ть -даю́ -даёт   to yield, surrender oneself (for sexual intercourse)

поддеть -де́ну -де́нет *perf.*   to screw, copulate with

поджени́ваться -аюсь -ается (*perf.* поджени́ться) *к кому*   to have an affair

поджени́ться -ню́сь -же́нится   *perf. of* поджениваться

поджо́пник -а   kick in the ass

подле́зть -ле́зу -ле́зет *perf. к кому*   to have sex with, copulate with

подле́чь -ля́гу -ля́жет *perf. к кому*   to lay, make

подма́хивать -аю -ает (*perf.* подмахну́ть) 1. *said of a woman* to wiggle the buttocks while fucking 2. to submit to sexual intercourse

тебя́ не ебу́т, ты не подма́хивай! mind your own fucking business!

подмахну́ть -ну́ -нёт *perf. of* подмахивать

поднабзде́ть -бзжу́ -бзди́т *perf.* to let a (small) fart

поднасра́ть -сру́ -срёт *perf.* 1. to fuck up, foul up 2. to shit (a little) 3. to smear, slander

подосра́ть -сру́ -срёт *perf. of* подсирать

подри́стывать -аю -ает to have the runs, have a slight case of diarrhea

подрочи́ть *perf. of* дрочить

подсира́ть -а́ю -а́ет (*perf.* подосра́ть) 1. to fuck up, foul up *smth.* 2. *кому* to screw over, play a dirty trick on

подсти́лка -и sexually loose woman

подъё́б -а 1. trap, snare *fig.* 2. quirk, mannerism

подъеба́ть -бу́ -бёт *perf. of* подъёбывать

подъеба́ться -бу́сь -бётся *perf.* 1. *perf. of* подъёбываться 2. to get a quick piece of tail, get a quick fuck

подъё́бка -и barb, derisive remark

подъебну́ть -ну́ -нёт *perf.* 1. *perf. of* подъёбывать 2. to put up to, incite

подъебну́ться -ну́сь -нётся *perf.* to get a quick fuck

подъёбывать -аю -ает (*perf.* подъебáть)   1. to make cutting/stinging remarks, berate   1. to fuck skillfully (adapting one's movements to one's partner)

подъёбываться -аюсь -ается   to bitch at, complain

подъёть -ебу́ -ебёт   *var. of* подъебать

поебáть -бу́ -бёт *perf.*   1. to fuck (for a while)   2. *perf. of* ебать *in meaning 4*

поебáться -бу́сь -бётся *perf.*   to fuck (for a while)

поёбки -бок   *var. of* ёбки

поебóн -а   1. (act of) fucking   2. orgy, group sex

поебóнчик -а   1. *dim. of* поебон   2. a scolding

поёбывать -аю -ает   to fuck (occasionally)

поёть -ебу́ -ебёт   *perf. of* ебать

пожáр -а *euph.*   period, menstruation

пожáриться -рюсь -рится *perf.*   to screw, copulate (for a while)

позвони́ть -ню́ -ни́т *euph.*   to tinkle, pee, urinate
  пойти́ позвони́ть   to go to the lavatory

поимéть -éю -éет   *perf. of* иметь

полкóвник -а   1. clap, gonorrhea   2. syphilitic person

полножóпый   big-assed, having large buttocks

положи́ть: положи́ть на кого-л.   *var. of* хуй с прибором *на кого-л.* положить (*see* хуй)

попердéть -жу́ -ди́т *perf.*   to fart (for a while)

попёрдывать -аю -ает   1. to fart (occasionally)   2. to lead a dull life

попиздеть -зжу́ -зди́т *perf.* to shoot the shit, chat

попиздю́ха́ть *perf. of* пиздюха́ть

я попиздю́ха́л! I'm off!

попира́ть -а́ю -а́ет to screw, copulate with

попи́сать -аю -ает *perf. of* пи́сать

по́пка -и *child speech* 1. ass, buttocks 2. ass, anus

по́почка -и *var. of* попка

попро́бовать -бую -бует *perf. of* пробовать

попы́сать *obs. var. of* попи́сать

поро́ть порю́ по́рет to screw, copulate with

поси́кать -аю -ает *perf. of* сикать

посику́ха *var. of* сика

посику́шка -и adolescent girl *abusive*

пососа́ть: на, пососи́! go to hell!

посра́ть -сру́ -срёт *perf.* to (take a) shit, defecate

посса́ть -ссу́ -ссы́т *var. of* посцать

поста́вить -влю -вит *perf. кому, said of a man* to screw, copulate with

он ей поста́вил he put it to her

посу́да -ы pussy, vagina

посу́дина -ы pussy, vagina

ху́ева посу́дина woman *abusive*

посца́ть -сцу́ -сци́т *perf.* to piss, urinate

по́тик -а *dial. obs.* penis

по́тка -и *dial. obs.* penis

пофа́каться -аюсь -ается *perf. of* факаться

похáриться -рюсь -рится *perf. of* хариться

похéзать -аю -ает *perf. of* хезать

похуя́рить -рю -рит *perf.* to set out, set off, start

похуя́чить -чу -чит *perf. of* хуячить

поц -а 1. dick, penis 2. fool

поцевáтый dull, stupid

пóцка -и *dial.* pussy, vagina

поя́бывать -аю -ает *var. of* поёбывать

приебáть -бý -бёт *perf.* to knock (against)

приебáться -бýсь -бётся *perf. of* приебываться

приебнýться -нýсь -нётся *perf. of* приебаться

приёбываться -аюсь -ается (*perf.* приебáться) *к кому* to pester, bother

примахáться -аюсь -ается *perf.* to pester, bother

припи́зднутый mad, crazy

припи́здью: с припи́здью crazy, eccentric

припиздя́чить -чу -чит *perf.* 1. to hit, strike 2. to pound in 3. to fasten (on)to

припóцанный 1. cracked, crazy 2. dumb, naïve

пробздéться -бзжýсь -бзди́тся *perf.* to take a walk/ stroll

проблядýшка -и cunning whore

прóблядь *aug. of* блядь

проебáть -бý -бёт *perf.* 1. to fuck through, break (a hymen) 2. to fuck (for a certain time) 3. to cuss out, reprimand severely 4. to go a distance 5. = пронять

меня́ (его́, её, их) проебло́ I'm (he's, etc.) chilled
to the marrow, awfully cold

э́то меня́ до слёз проебло́ I felt deeply touched

проеба́ть *кому* все мозги́ to bug/pester thoroughly

проеба́ться -бу́сь -бётся *perf.* to fuck (for a certain
time

промахну́ть -ну́ -нёт *perf.* to screw, copulate with

промуде́ть -жу́ -ди́т *perf.* to bullshit (for a certain
time)

пропизде́ть -зжу́ -зди́т *perf. of* пиздеть

пропиздобо́лить -лю -лит *perf.* to fuck around (for
a certain time)

пропиздя́чить -чу -чит *perf.* to cuss out, reprimand
severely

пропусти́ть -щу́ -стит *perf.* to gang-bang, gang-rape

просира́ть -а́ю -а́ет (*perf.* просра́ть) 1. to lose (a
game) 2. to miss (an opportunity)

просра́ть -сру́ -срёт *perf. of* просирать

просра́ться -сру́сь -срётся *perf.* to figure out

просри́сь! get your head out of your ass *expresses
impatience with a slow-witted person*

прости́ го́споди *euph.* hooker, whore

профу́ра -ы *obs.* whore

профурсе́тка -и whore

прохуёвничать -аю -ает *perf. of* хуёвничать

пу́кать -аю -ает (*perf.* пу́кнуть) *child speech* to fart

пу́кнуть -ну -нет *perf. of* пукать

пы́рка -и dick, penis

пы́сать *obs. var. of* пи́сать

пя́лить -лю -лит to screw, copulate with

раздолба́й -я 1. fuck-up, inept person 2. fool

раздрочи́ть -чу́ -дро́чит 1. to piss off, irritate 2. to turn on, stimulate

разжо́па -ы shapely ass/buttocks

раз-та́к *euph. for* ёб, еби *e.g.* мать бы его́ раз-та́к!

раз-тако́й *euph. for* ёбаный

разъёб -а a chewing-out, scolding

разъёба -ы *masc. & fem.* fuck-up, inept person

разъеба́й -я fuck-up, inept person

разъеба́ть -бу́ -бёт *perf. of* разъёбывать

разъёбка -и *var. of* разъёб

разъебо́н -а a chewing-out, scolding

разъебо́нчик -а *var. of* разъебон

разъёбывать -аю -ает (*perf.* разъеба́ть) 1. to fuck the hell out of, give a thorough fucking 2. to break to pieces 3. to cuss out, scold

раз-э́такий damned, darned *euph. for* ёбаный *and other abusive adjectives*

ра́ком: еба́ться ра́ком to fuck 'dog style'

распарема́ть *euph. for* ёб твою мать

распизда́й -я *var. of* распиздяй

распизде́ть -зжу́ -здит *perf.* to blab, reveal a secret

распиздёться -зжу́сь -здится *perf.* 1. to bullshit, drivel 2. to bitch, nag

распизд́ошить -шу -шит to smash, break

распиздя́й -я 1. bullshitter, loudmouth 2. shitass *g.t.a.*

распиздя́йка -и bitch *g.t.a.*

распиздя́чить -чу -чит *perf.* 1. to smash, break 2. to fuck around, waste time 3. to cuss the hell out of 4. to beat up, thrash 5. to share a bottle

распроеть -ебу́ -ебёт *perf. of* ебать
распроеби́ твою мать! fuck your mother all to hell!

растак *see* раз-так

растако́й *see* раз-такой

растуды́: растуды́ твою мать *or* растуды́ тебя́ *euph. for* ёб твою мать

расхуя́кать -аю -ает *perf.* to beat, thrash

расхуя́чить -чу -чит *perf.* to smash, break

реза́к -а́ dick, penis

руба́шечное *euph.* period, menstruation

руба́шка: на руба́шке *euph.* on the rag, having one's period

рубе́ц -бца́ 1. dick, penis 2. pussy, vagina
уда́рить по рубцу́ to screw, copulate with

рукобля́дник -а = рукоблудник

санда́лить *obs.* to screw, copulate with

сарде́лька -и dick, penis

сблядова́ться -ду́юсь -ду́ется *perf.*   1. to become a whore   2. to become dissolute

сверли́ть -лю́ -ли́т *obs.* to screw, copulate with

сговня́ть -я́ю -я́ет *perf.* to fuck up, foul up, ruin

се́кель -я *var. of* сикель

се́киль -я *var. of* сикель

се́рево -а   shit, feces

се́реть -рю -рит *var. of* срать

се́реться -рюсь -рится *var. of* срать

се́рить -рю -рит *var. of* срать

серу́н -а́   bullshitter, loudmouth

се́рька -и *masc. obs.* shitass *g.t.a.*

сестроёб -а brother-in-law *abusive*

сиде́ть орло́м *hum.*   to squat (and defecate)

си́ка -и   1. pussy, vagina   2. girl who wets her pants
   си́ку драть/надра́ть   to screw, copulate with

си́кать -аю -ает *child speech*   to pee, urinate

си́кель -я   clitoris

сикельдя́йка -и *var. of* сикелявка

сикеля́вка -и   adolescent girl with incipent interest in sex

си́кнуть -ну -нет   *perf. of* сикать

сику́шка -и = блядушка

сипо́вка -и   vagina located in a relatively dorsal position (*cf.* королёк)

сира́ть *obs.* *var. of* срать

си́рывать -аю -ает *obs. var. of* срать

ситуёвина -ы snafu, confused situation

сифо́н -а syphilis

скобли́ть -лю́ -ли́т *obs.* to screw, copulate with

скобли́ться -лю́сь -ли́тся *obs.* to screw, copulate

скосоёбиться -ится *3rd person only* to (start to) lean дом скосоёбился the house became lopsided

ску́рвиться -влюсь -вится 1. to become a whore 2. to become depraved 3. to rat on, inform on

скуре́ха -и *obs.* slut, whore

скуре́я -и́ *var. of* скуре́ха

скуря́га -и *var. of* скуре́ха

скуря́жничать -аю -ает *obs.* to dissipate, lead a dissolute life

смехуёчки *hum.* = смешки

сок -а come, semen

солове́й -вья́ *obs. hum.* dick, penis

со́лоп -а dick, penis

соси́ска -и dick, penis

со́ска -и *var. of* хуесоска

спизде́ть -зжу́ -зди́т *perf.* to (tell a) lie

спи́здить *perf. of* пиздить

спуск -а ejaculation

спуска́ть -а́ю -а́ет (*perf.* спусти́ть) to come, ejaculate

спусти́ть -щу́ спу́стит *perf. of* спускать

спущёнка -и come, semen

сра́ка -и ass-hole, anus

и в рот, и в сра́ку = и в хвост, и в гриву

би́ли его и в рот, и в сра́ку they kicked his ass from hell to breakfast, they beat the shit out of him

хуй тебе́ (ему́, и т.д.) в сра́ку! I wouldn't give you (him, etc.) the sweat off my balls!

сра́ный 1. fucking, goddamn(ed) 2. shitty, cheap

сранье́ -я́ 1. (act of) shitting, defecation 2. (act of) fouling, soiling 3. ass, buttocks

срать сру срёт (*less common:* серю́/серу́ се́рет, *3 pl.* се́рют/се́рут) 1. to shit 2. to fart

сра́чка -и *dim. of* срака

сса́ка piss, urine

сса́ки piss, urine

ссать ссу ссыт *3 pl.* ссат/ссут (*perf.* посса́ть, насса́ть) *var. of* сцать

ссу́лья -и *masc.* 1. one who pisses/urinates often 2. liar

ссун -а́ *var. of* ссулья

ссу́читься -чусь -чится *perf.* 1. to rat, turn informer 2. to turn on, betray

стано́к: стано́к еба́льный *said of a woman* a good lay/fuck

старпёр (старпёр) -а *abbr. for* старый пердун old fart, feeble old man

ствол -á rod, shaft of penis

стечь стеку́ стечёт *perf. obs.* to come, ejaculate

стоя́к -á hard-on, erection
у него́ стоя́к he has a hard-on
еба́ться в стояка́/на стояка́/стояко́м to fuck while standing

стоя́ть: у него́ стои́т he has a hard-on/erection

струк -а *obs. hum.* dick, penis

струме́нт -а tool, penis

стру́хнуть -ну́ -нёт *perf.* to come, ejaculate (after masturbation)

струхня́ -и́ beating off, masturbation

стрясть -су́ -сёт *perf. obs.* (семя) to masturbate

су́ка: *replaces* блядь *and* курва *in various expressions*
су́ка бу́ду *or* су́кой мне быть I'll be damned (if)...

суходро́чка -и 1. masturbation 2. busy work, senseless activity

сухосто́й -я inability to ejaculate

сця́винье -я piss, urine

сця́ка -и 1. piss, urine 2. *obs.* one who urinates frequently 3. *obs.* bed-wetter

сця́ки piss, urine

сця́льня -и pisser, urinal

сця́ние -я pissing, act of urinating

сцать сцу сцит *3 pl.* **сцат/сцут** (*perf.* посца́ть, насца́ть) to piss, urinate

сцать я на негó хотéл!   piss on him! to hell with
  him!

сцáться сцусь сцúтся   *3 pl.* сцáтся/сцýтся   (*perf.*
  усцáться)   to piss one's pants, urinate on oneself

сцáчка -и *obs.*   pussy, vagina

сцúха -и *masc. & fem.*   1. one who urinates frequently
  2. bed-wetter

сцуль -я *obs.*   bed-wetter

съебáться -бýсь -бётся   *perf. of* съебываться

съёбывать -аю -ает   to get out, leave
  съёбывай отсюда!   get the fuck out of here!

съёбываться -аюсь -ается (*perf.* съебáться) 1. to
  be *or* look exhausted from sexual intercourse   2. to
  become dissolute

сюка -и *obs.*   pussy, vagina

сюкать -аю -ает *obs.*   to pee, urinate

сякóй *euph. for* ёбаный *and other abusive adjectives*

так: так твою мать   *euph. for* ёб твою мать

такóвская мать   *euph. for* ёбаная мать

такóй-то *euph. for* ёбаный

талить   to screw, copulate with

тётка: тётка пришлá *euph.*   (her) period has begun

тúта -ы *obs.*   tit

тúтечка -и   tit

тúтечный   pertaining to the tits

тúтька -и   tit

титя́стый busty, having large tits, buxom

тихобзду́й -я shady character, suspicious person

толка́ться -а́юсь -а́ется to screw, copulate

толстожо́пый fat-assed, having large buttocks

топта́ть -чу́ то́пчет to screw, copulate

трамва́й: попа́сть под трамва́й to get gang-raped
пропусти́ть трамва́ем to gang-bang, gang-rape

тра́хать -аю -ает (*perf.* тра́хнуть) to screw, copulate with

тра́хаться -аюсь -ается (*perf.* тра́хнуться) to screw, copulate

тра́хнуть -ну -нет *perf. of* трахать

тра́хнуться -нусь -нется *perf. of* трахаться

трепа́к -а́ clap, gonorrhea

три бу́квы *euph. for* хуй *in certain expressions, e.g.,* иди́ на три бу́квы

тру́ха́ть -а́ю -а́ет (*perf.* тру́хну́ть) to jack off, masturbate

тру́хну́ть -ну́ -нёт *perf. of* трухать

ты́кать ты́чу -чет (*perf.* ты́кнуть) to screw, copulate with

ты́кнуть -ну -нет *perf. of* тыкать

уеба́ть -бу́ -бёт *perf.* 1. to fuck, copulate with 2. to persuade to fuck, seduce 3. to swipe, steal

уеба́ться -бу́сь -бётся *perf.* 1. to leave 2. уеба́ться в у́смерть to become very tired/exhausted

уебну́ть -ну́ -нёт *perf.*   to hightail it, leave quickly

уебну́ться -ну́сь -нётся   *perf. of* уёбываться

уёбывать -аю -ает   to leave, get out
уёбывай!   get the fuck out!

уёбываться -аюсь -ается (*perf.* уебну́ться)   to leave,
move away

уе́ть уебу́ уебёт   *var. of* уебать

упёрднуться -нусь -нется *perf.*   to fart (after trying
to hold it back)

упи́саться -аюсь -ается *perf.*   to piss one's pants

употреби́ть -блю́ -би́т   *perf. of* употреблять

употребля́ть -я́ю -я́ет (*perf.* употреби́ть) *euph.*   to
have sex with, copulate with

усёр -а   (act of) shitting, defecation
до усёру   in abundance, a lot (of)
смея́ться до усёру   to laugh until one shits one's
pants
еба́ть до усёру   to fuck the shit out of

усира́ться -а́юсь -а́ется (*perf.* усра́ться)   1. to shit
one's pants, shit on oneself   2. to fuck up, be unsuccessful

усра́ться усру́сь усрётся   *perf. of* усираться
усра́ться мо́жно   *expresses shock, surprise, or dis-
belief*

усра́чка -и   (act of) shitting, defecation
до усра́чки   *var. of* до усёру

усца́ться *perf. of* сцаться

    усца́ться мо́жно *var. of* усраться можно

ухуе́ть -е́ю -е́ет *perf.* to go crazy

уя́бывать -аю -ает *var. of* уёбывать

фа́каться -аюсь -ается (*perf.* пофа́каться) to fuck, copulate

факу́шечка -и *var. of* факушка

факу́шка -и piece (of ass), lay

    она́ сла́вная факу́шка she's a good fuck

фа́чить -чу -чит to fuck, copulate with

фе́ня: иди́ к ядре́не (ядрёной) фе́не *euph. for* иди к ебене матери

фиг: иди́ на́ фиг *euph. for* иди на хуй; на фига́ *euph. for* на хуя

фигня́ -и́ *euph. for* хуйня

флаг: вы́бросить/пусти́ть флаг *or* дать кра́сный флаг *euph.* to have one's period, menstruate

фуй -я *euph. for* хуй

    на фуя́ *euph. for* на хуя

фу́юшки *euph. for* хуюшки

халя́ва -ы slut, whore

ха́рить -рю -рит to screw, copulate with

хезану́ть -ну́ -нёт *perf. of* хезать

хе́зать -аю -ает (*perf.* нахе́зать) to shit, defecate

хер -а dick, penis; *synonymous with* хуй *in various expressions, e.g.* иди́ на́ хер! убира́йся к хе́ру! go fuck yourself! up yours!   он ни херá не знáет   he doesn't know a fucking thing

херня́ -й   1. bullshit, nonsense   2. crap, junk, worthless thing

херовáтенький   *var. of* хуевáтенький

херовáтость -и   *var. of* хуевáтость

херовáтый   *var. of* хуевáтый

херóвина -ы   1. bullshit, nonsense   2. crap, junk, worthless thing   3. small part/thing/object

херóвый   crappy, shitty, worthless

херóк -ркá   *dim. of* хер

херомáнтия -и   1. hocus-pocus, pseudoscience   2. bullshit, nonsense

хитрожóпый   cunning, underhanded

хлебáльник -а   *hum. for* ебáльник *in meaning 1*

хлю́ха -и   *var. of* шлю́ха

хóбот -а   dick, penis

холоебéнь -и   freezing weather

хор: пропусти́ть хóром   to gang-bang, gang-rape

хрен -а   *euph. for* хуй
    ни хренá   *euph. for* ни хуя́

хренáчить -чу -чит   *euph. for* хуя́чить

хренóвина -ы   *euph. for* хуёвина

хренóвый   *euph. for* хуёвый

ху: а ху не хо? *or* а ху-ху не хо-хо?   *var. of* а хуя́ не хóчешь?

хуева́тенький *var. of* хуеватый

хуева́тость -и badness, unpleasantness

хуева́тый mediocre, undistinguished

хуёвина -ы 1. bullshit, nonsense 2. crap, worthless thing 3. thing, small object

хуёвинка -и 1. *dim. of* хуёвина 2. unpleasantness

хуёвничать -аю -ает to fuck around, waste time

хуёвый (*also* **ху́ев -а -о -ы)** lousy, wretched, worthless

  учёный ху́ев! some scholar he is! *ironic*

  хуёво! *(in response to inquires about health, etc.)* shitty, lousy

хуеглóт -а crude person

хуёза -ы 1. *masc. & fem.* shitass *g.t.a.* 2. mess, fouled-up situation 3. bullshit, nonsense

ху́ёк хуйка́ *dim. of* хуй

хуё-моё 1. goddammit! *expression of anger, consternation* 2. this and that, one thing and another

хуему́дрие -я muddled thinking

хуемы́слие -я *var. of* хуемудрие

хуеплёт -а bullshitter, loudmouth

хуери́к -á *obs.* gonorrhea

хуесóс -а cocksucker, shitass *g.t.a.*

хуесóска -и 1. girl or woman who gives head, fellatrix 2. slut

хуетá -ы́ 1. mess, bad state of affairs 2. bullshit,

nonsense 3. junk, thing of low quality 4. shitass *g.t.a.*
  хуетá хуéт   extremely fucked-up situation

хуёчек -чка   *dim. of* хуй

хуи́ла -ы *masc. abusive*   brute, large man

хуи́ло -а 1. ass-hole, bastard *g.t.a.* 2. big prick, large
  penis

хуи́шка -и *var. of* хуишко

хуи́шко -а little prick, small penis

хуи́ще -а *aug. of* хуй

хуй хýя на хую́

1. prick, cock, penis

2. guy, fellow *abusive*

  я знаю́ э́того хýя   I know that guy

  хуй моржо́вый, хуй соба́чий   shitass *g.t.a.*

  хуй пуши́стый   pretentious, conceited person

  посо́л нá хуй   ousted Soviet diplomat

3. = ничего́, ничто́, ничему́, нечего, *etc. (intensifier;*
  cf. meaning 8)

  ни хуя́ не зна́ет!   he doesn't know a fucking thing!

  ноль це́лых, хуй/хер деся́тых   not a fucking thing,
    absolutely nothing

  э́то ни к хуя́м не годи́тся   this is no fucking good

  хуй ты емý объясни́шь!   you can't explain a fuck-
    ing thing to him!

  ни хуя́ себе́ *expresses surprise, amazement, ap-*
    proval (*cf.* ничего́ себе́)

не́ хуя вы́ёбываться   there's no need to show off

не́ хуй   *var. of* не́ хуя

4. = никогда

он хуй бы о́тдал ей де́ньги   he's not about to return
her money

5. = всё равно

ему́ оди́н хуй, кто ты есть!   he doesn't give a shit
who you are! (*past tense:* ему́ бы́ло оди́н хуй...)

ему́ хоть бы хуй   he doesn't give a shit, he doesn't
care

6. = ничуть

ей бы́ло ни хуя́ не интере́сно   it didn't interest her
a fucking bit

7. = вряд ли

8. = чёрт *or* бог

хуй зна́ет куда́   God knows where

хуй с ним!   to hell with him!

хуй его́ зна́ет!   how the fuck should I know!

како́го ху́я   1. *replaces* почему *and* зачем   2. *replaces* что *(interrogative pronoun)*

како́го ху́я тебе́ здесь на́до?   what the fuck do
you want here?

до хуя́   very much, many

он до хуя́ баб перееба́л   he's fucked a hell of a lot
of women

хуй ли?   1. *said in reply to stupid questions* so what!

of course!   2. why the fuck? what the hell for?
   а хуй ли он говори́л, что лю́бит пи́во!   why the
   hell did he say he liked beer!
   3. *replaces* что *in various contexts*
   ху́ли те(бе́) на́до?   what the fuck do you want?
9. *expressing contempt or irritation*
   иди́ на́ хуй! пососи́ мой хуй!   fuck you!
   пошёл к хуя́м!   go fuck yourself!
   хуй тебе́ в зу́бы   fuck you! go fuck yourself!
   хуй на́! *or* хуй тебе́ на по́стном ма́сле! *or* (а) ху́я
   тебе́ соба́чего!   fuck no! *refusal to a request*
   хуй соса́ть   to go without
   пососи́ хуй!   I wouldn't give you the sweat off my
   balls!
   (а) ху́я не хо́чешь? *or* (а) хуй вида́л?   fuck no!
   absolutely not! *refusal to a request*
   ху́я: 1. ху́я (вам)! hell, no! fuck, no! *refusal to a*
   request   2. *expresses regret or consternation*
   не счита́ть *что/кого* за́ хуй   not to take seriously
   никто́ не счита́ет ООН за́ хуй   no one takes the
   U.N. seriously
   класть/положи́ть хуй (с прибо́ром) *на что/кого*
   to have contempt for
   по́ хую *or* по́ хуй *кому*   to scorn, not to care about
   мне его́ угро́зы по́ хую!   I don't give a shit about
   his threats!

хуй цена́ в база́рный день   not worth a shit, absolutely worthless

э́то на хуя́ козе́ бая́н *or* э́то на хуя́ попу́ гармо́нь that's as worthless as tits on a boar hog

на хуя́ (на́ хуй) э́то мне ну́жно?   what the fuck do I need that for?

э́то мне и на́ хуй не ну́жно!   I don't need that a fucking bit!

10. *miscellaneous expressions*

хуй кто = ма́ло кого́

хуй чего́ = ма́ло чего́

хуй (с) винто́м   1. clever trick   2. cunning person

на́ хуй   completely, totally

  уе́ду на́ хуй   I'll leave for good

хуй ночева́л *or* от ху́я у́шки   nothing, there's none left, it's all gone

с гу́лькин хуй   1. very tiny   2. very small amount

с ху́я сорва́ться   to go berserk

  ты что, с ху́я сорва́лся?   where have you been (all your life)? don't you know anything?

он на неё хуй то́чит   he's got the hots for her

придётся хуй узло́м завяза́ть *expresses dismay at the unavailability of women*

у него́ хуй мёдом нама́зан   he's a real Don Juan

ху́ем гру́ши околачиваю   I'm not doing a fucking thing

хуй валя́ть и к сте́нке приставля́ть to fuck off, loaf

шу́тки, шу́тки, а хуй в желу́дке a joke's a joke, but you're going to far

где была́ пра́вда, там хуй вы́рос you'll never find out the truth about it

и́ли хуй попола́м, и́ли пизда́ вдре́безги 1. at all costs, staking everything, no matter what the cost 2. he (she, they, etc.) has run into a brick wall, has encountered more than he can handle

и ры́бку съесть, и на́ хуй сесть to eat one's cake and have it too

нет бубе́й — ху́ем бей! lucky at cards, unlucky at love

на чужо́м хую́ в рай въе́хать to sponge, take advantage of *smb.*

вме́сто све́чки хуй *кому* поста́вить to shit on *smb's* grave, vilify a dead person

хуйну́ть -ну́ -нёт *perf.* to set off, go 2. to produce quickly

хуйня́ -и́ 1. bullshit, nonsense 2. crap, worthless thing

хуйри́к -а́ *obs. var. of* хуерик

ху́ли *var. of* хуй ли

ху́ля *var. of* хуй ли

ху́юшки 1. *expression of impatience, disgust* 2. *refusal to a request*

хуяк = бац

    хуяк, хуяк и поскакал   he bounced up and sped off

хуякать -аю -ает (*perf.* хуякнуть) 1. to hit, slug
2. to fall 3. to toss, throw

хуякнуть -ну -нет *perf. of* хуякать

хуякнуться -нусь -нется *perf.* to fall (hard)

    как аукнется, так и хуякнется *or* как хуякнется, так
    и откликнется = как аукнется, так и откликнется

хуякс = бац

    он его хуякс   he smashed him

хуярить -рю -рит 1. to beat, thrash 2. to cover a
(certain) distance

хуячить -чу -чит 1. to fuck around, loaf 2. = идти
in хуячил сильный дождь it was raining hard 3. *replaces various verbs of motion*

целка -и 1. cherry, hymen 2. cherry, virgin 3. pretentious woman 4. naïve person

    сидеть за целку to do time (in prison) for rape

    сломать целку 1. to break *the* hymen 2. to tame,
    harness *smb.*

    строить целку 1. to pretend to be a virgin 2. to
    be pretentious

    она ломает целку she's pretending to be a virgin

целочка -и *var. of* целка

    расколоться как целочка to crack, break down
    (under interrogation)

ци́цка -и *var. of* титька

чёрный чемода́н pussy, vagina

шала́ва -ы whore, slut

шалашо́вка -и whore

ша́ркнуть -ну -нет *perf.* to screw, copulate with

шахна́ -ы́ pussy, vagina

швóрить -рю -рит to screw, copulate with

швóрка -и screwing, sexual intercourse

шерша́вый -ого dick, penis

ши́ло -а dick, penis

ши́шка -и dick, penis

шку́ра -ы *var. of* скурёха

шкурéха -и *var. of* скурёха

шлю́ха -и streetwalker, prostitute

шмóнка -и 1. pussy, vagina   2. slut

щекотýн -á small penis

щёлка -и pussy, vagina

электри́ческие кнóпки nipples

ядрёный *euph. for* ёбаный (*cf.* едрёный)

ядри́ть -рю́ -ри́т *euph. for* ебать

я́йца я́йц *pl.*   balls, testicles

    ба́ба с я́йцами battle-ax, strong-willed woman

    схвати́ть *кого* **за я́йца** *or* **оторва́ть** *кому* **я́йца**   to make it hot for *smb.,* cause *smb.* trouble

    чеса́ть я́йца to fuck around, loaf

    иди́ слонý я́йца кача́ть! 1. get the hell out of here!

2. come on! don't try to bullshit me!

крутить *кому* яйца   to bug/pester/bother *smb.*

яйчница: яйчницу *кому* сделать   to hit *smb.* in the balls

SOME ENGLISH SYNONYMS

NOTE: As mentioned above, the authors have intentionally limited the number of English synonyms used in the translations of the Russian entries, which should help to avoid the impression of a distinction between Russian synonyms where one does not exist. The following list obviously is not intended to be exhaustive; it should nevertheless be of use to readers whose native language is not American English. The authors have tried to avoid strictly regional and ephemeral forms and, due mainly to space limitations, have made no attempt to indicate the use of the words among different socioeconomic or age groups. Neutral or euphemistic forms are separated from their more 'obscene' counterparts by a semicolon.

adulate, to to kiss ass, suck ass, brownnose; to lick smb's boots, flatter

angry, to be/become to be/get pissed (off); to be/get burned up, be/get mad, fly off the handle

anus ass(-hole), arse(-hole), butt(-hole)

annoy, to to fuck with; to bug, bully, pester

blunder, to to fuck up, screw up; to foul up, mess up, goof (up), bungle

bore, to to bore smb's ass off; to bore smb. stiff, bore smb. to death

breasts tits, boobs, boobies, knockers

buttocks ass, arse, butt; rump, rear end, buns, derrière

complain, to to bitch; to gripe, moan, grumble, whine

copulate (with), to to fuck, screw, bang, bump, hump, lay, make, stick/put it to; to have, have sex (with), make love (to), go to bed with

defecate, to to shit, crap, take a shit/crap; to relieve oneself

diarrhea the runny shits; the runs, the trots

ejaculate, to to come, shoot one's load/wad, get one's rocks/load off, get one's gun (off)

erection hard-on, boner

expletives shit! fuck (it)! (god)dammit! (god)damn! hell! piss (on it)!

feces shit, crap, turd (= piece of feces)

fellatio blow job, head job, 'French-style' sex

fellatio, to perform to blow, suck (off), give head

fix, to be in a to be up shit creek (without a paddle); to be in hot water, be in a heap of trouble, be in a mess

fool shit-head, ass(-hole); jackass, dunce, ignoramus, drip, dope, jerk, lame-brain, moron

general terms of abuse; *male:* motherfucker, cocksucker, shitass, ass-hole, fucker, bastard, dip-shit, son-of-a-bitch; creep, jerk, crud *female:* cunt, bitch, slut

homosexual fag, faggot, fairy, queer, homo, pansy; cocksucker

hell! go to   fuck you! up yours! go fuck yourself! suck
my cock! eat me! fuck off! kiss my ass!; buzz off! get
lost! take a walk!

intensifiers   fucking, (god)damned; stinking, darned,
blasted, bloody

intimidate, to   to fuck over/with; to mess with, bully .

junk (worthless thing)   shit, crap; trash

ladies' man   cunt-chaser; skirt-chaser, stud, swinger

lie, to (tell a)   to (bull)shit; to lie through one's teeth,
(tell a) fib

loaf, to   to fuck off/around, fart around, screw around;
to goof off, mess around, goldbrick

lustful   horny, hot, hot to trot

masturbate, to   to jack off, jerk off, beat off, beat one's
meat, pound one's pud, play with oneself

menstruate, to   to be on the rag; to have one's period/
monthly

nonsense   (bull)shit, crap; baloney, malarkey, drivel

penis   cock, prick, dick, meat, tool, peter

pregnant, to be   to be knocked up, have a big belly; to
be in a family way

prostitute   whore, hooker, call girl, streetwalker, lady
of the night, working girl

prostitute, to be a   to whore, peddle one's ass; to walk
the streets

prostitutes, to pursue   to go whoring, be a whoremonger

reprimand, to   to chew smb's ass out; to cuss out, bawl out, scold

ruin, to   fuck up, screw up; to foul up, mess up

senseless activity   fucking around, screwing around; fooling around, messing around

sycophant   ass-kisser, kiss-ass, suck-ass, brownnose; boot-licker

testicles   balls, nuts

thrash, to   to beat the shit/hell out of, kick smb's ass; to beat the tar out of, beat up

tinker (with), to   to screw/fuck/fart around with smth.; to mess around with smth.

toilet   shit-house; the can, the head, the john, W.C., lavatory

treat unfairly, to   to fuck (over), screw (over), shaft, put/stick it to smb.; to take advantage of smb., cheat

urinate, to   to piss, take a piss; to take a leak, (take a) whiz, pee, tinkle, relieve oneself

vagina   cunt, twat, snatch, slit, pussy, box, crack

Шут Гонос
Лубочная картинка.

Немка едет на старике.
Лубочная картинка.